Peter Maubach

Neubrandenburg – so wie es war

Literatur- und Quellenverzeichnis

Akten, Mecklenburgisches Landeshauptarchiv Schwerin – LR Mecklenburg-Strelitz: 12/217, 218; 11/102 – 105; 17/12; 17/511; 17/935; 17/452; Acta jud. Mecklenburg-Strelitz; Jüd. Gemeinde Meckl.-Strelitz 634 – 648.

Adreßbücher der Vorderstadt Neubrandenburg 1893 – 1938.

Ahlers, Wilhelm: Historisch-topographische Skizzen ...; Neubrandenburg 1876.

Bischoff, Georg: Das Zunftwesen in Neubrandenburg, in: Mecklenburg-Strelitzer Geschichtsblätter, 3. Jg. 1927.

Boek, Hartmut: Wo lag Rethra?, Schriftenreihe des Karbe-Wagner-Archivs, Neubrandenburg 1982.

Boll, Ernst: Beschreibung der Tollense; in: Archiv für Landeskunde; Schwerin 1853.

Boll, Ernst: Geschichte Meklenburgs ...; 2 Bände; Neubrandenburg 1855/56.

Boll, Franz: Chronik der Vorderstadt Neubrandenburg; Neubrandenburg 1875.

Boll, Franz: Geschichte des Landes Stargard; 2 Bände, Neustrelitz 1846/47.

Boll, Franz: Kritische Geschichte der sogenannten Prillwitzer Idole; in: Jahrbuch für Altertumskunde ..., Jg. XIX/XX, Schwerin 1854/55.

Der neue Pitaval, Dreiunddreißigster Theil, Dritte Folge, Neunter Theil; Leipzig 1863.

Glaßbrenner, Adolf: Hagel-Toast; in: Meklenburg – Ein Jahrbuch für alle Stände; Hamburg 1848.

Greve, Wilhelm: Tagebuch meiner Wanderschaft 1856 – 1860, handschriftlich.

Hückstädt, Arnold: Wer Augen hat zu sehen ...; Rostock 1986.

Hückstädt, Arnold: Reisen zu Reuter; Berlin/Leipzig 1990.

Jahresbericht des Neubrandenburger Museumsvereins; Neubrandenburg 1912.

Kaschel, Wilfried: Spielkarten aus Neubrandenburg; in: Neubrandenburger Mosaik, Nr. 17/1993.

Koch, Paul: Verwaltungs-Bericht der Vorderstadt Neubrandenburg für das Jahr 1911; Neubrandenburg 1914/15.

Krüger, Dieter: ... doch sie liebten das Leben; Schriftenreihe des Regionalmuseums Neubrandenburg Heft 21, Neubrandenburg 1990.

Krüger, Georg: Kunst- und Geschichtsdenkmäler des Freistaates Mecklenburg-Strelitz, Neubrandenburg 1929.

Latomus, Bernhard: Generalcronicon Megapolitanum, zusammengetragen 1610; in: Westphalen, Joachim: Monumenta inedita Rerum Germanicarum Praecipue Cimbricarum et Megapolensium, Tomus IV; Lipsiae 1745.

Lexow, Werner: Eisenbahnen in Mecklenburg-Strelitz; Schriftenreihe des Regionalmuseums Neubrandenburg, Heft 26, Neubrandenburg 1995.

Maubach, Peter: Dr. Ernst Alban; Schriftenreihe des Regionalmuseums Neubrandenburg Heft 22, Neubrandenburg 1991.

Maubach, Peter: Suche nach Wurzeln – Prillwitzer Idole; in: Ein Jahrtausend Mecklenburg und Vorpommern; Rostock 1995.

Maubach, Peter: Sie »kalenderten« die ganze Woche; in: Neubrandenburger Mosaik 15/16 – 1992.

Maubach, Peter: Bildende Kunst in Neubrandenburg; in: Neubrandenburger Mosaik 13/1991.

Maubach, Peter: Plasmon gibt Kraft; in: Neubrandenburger Mosaik 17/1993.

Maubach, Peter: Ein guter Ton aus Neubrandenburg; in: Neubrandenburger Mosaik 18/1994.

Maubach, Peter: Ein Neubrandenburger in der Südsee; in: Neubrandenburger Mosaik 19/1995.

Maubach, Peter: Ernst Theodor Johann Brückner (1746 – 1805); in: Kiek in – Mecklenburgische Beiträge zum Literaturerbe; Schwerin 1989.

Maubach, Peter/Krüger, Dieter: Geschmäht und verfolgt – Juden in Neubrandenburg; in: Neubrandenburger Mosaik 13/1991.

Neubrandenburg – Geschichte in Geschichten; herausgegeben vom Neubrandenburger Museumsverein e. V.; Neubrandenburg 1996.

Neubrandenburger Heimatkalender 1931 und 1932; Hrsg.: Ersparnisanstalt Neubrandenburg.

Neubrandenburger Zeitung (Allgemeiner Mecklenburgischer Anzeiger/Mecklenburger Rundschau), Jahrgänge 1870 – 1934.

Neubrandenburg und Umgebung; herausgegeben vom Neubrandenburger Verkehrs-Verein e. V. 1913 – 1928.

Neue Strelitzische Anzeigen, Jahrgänge 1790 – 1815.

Nungent, Thomas: Reise durch Deutschland, und vorzüglich durch Meklenburg; Berlin/Stettin 1781.

Ratsprotokolle der Vorderstadt Neubrandenburg 1737 – 1890, handschriftlich, Stadtarchiv Neubrandenburg.

Reuter, Fritz: Dörchläuchting; Rostock 1967.

Rundbriefe der Neubrandenburger/Friedländer Altschülerschaft, Nr. 1 – 18, maschinenschriftlich.

Rühberg, Gustav: Luting und seine Freunde; Neubrandenburg, o. J.

Schmidt, Volker: Lieps – Eine slawische Siedlungskammer ...; hrsg.: Museum für Ur- und Frühgeschichte Schwerin; Berlin 1984.

Schubert, Franz: Bürgerbücher aus Mecklenburg, M1 Neubrandenburg, Göttingen 1991.

Schumacher, Paul: Neubrandenburger Wall- und Wehranlage; Neubrandenburg o. J.

Schulz, Harry: Die geistlichen Stiftungen des Landes Stargard, Schriftenreihe des Regionalmuseums Neubrandenburg, Heft 24, Neubrandenburg 1993.

Vitense, Otto: 175 Jahre Siemerling in Neubrandenburg; Neubrandenburg 1931.

Voß, Heinrich: Briefe, Bd. 1; Halberstadt 1829.

Wendt, Karl: Geschichte der Vorderstadt Neubrandenburg; Neubrandenburg 1922.

Bildnachweis

Archiv Regionalmuseum Neubrandenburg
Seite: 5, 6, 8 o, 9, 11, 13, 14, 16, 17, 18, 19 o+u, 20 u, 21, 23 u, 25 o, 26, 27, 30 o+u, 31 o, 32, 33, 35, 36, 37, 40, 41 o, 43, 44, 45 u, 46 u, 47 or+u, 49, 50, 51, 52 o, 53 o, 54, 55 o, 59, 60 u, 62, 63, 64 o, 68, 69 u, 70, 71 m+u, 72 u, 75 o, 77 o+m, 78 u, 80, 81, 82 o+u, 84, 86, 87 m+u, 88 u, 90, 92, 93 o, 96, 97 o, 98 u, 99, 101 o+m, 102, 103, 104.

Archiv Altschülerschaft Neubrandenburg
Seite: 29, 31 u, 52 u, 53 u, 65, 69 o, 76 mr, 78 o.

Mecklenburgisches Landeshauptarchiv Schwerin
Seite: 97 u.

Stadtarchiv Neubrandenburg
Seite: 10, 15, 19 m, 39, 60 o, 87 o, 88 o, 91 o.

Privat
Heintze Seite: 8 u, 24 o, 25 u, 28, 30 m, 45 o, 46 o, 47 ol, 55 u, 71 o, 72 o, 74 o, 75 u, 76 o+u, 77 u, 79 u, 94, 98 o. Bodenschatz Seite: 20 ol+or, 64 u, 95 o. Hückstädt Seite 56, 57, 58. Siemerling Seite: 41 u, 42. Achtelstetter Seite: 95 u, 101 u. Ahrens Seite: 93 u. Bundt Seite: 12. Greve Seite: 32 o. Lexow Seite 74 u. Pasewalt Seite 91 u. Schmidt Seite 24 u. Smolinski Seite 66 u. Teschner Seite 66 o.

Über den Autor:
Peter Maubach, Jahrgang 1938, Lehre als Bergmann, Besuch der ABF an der Bergakademie Freiberg zum Erwerb der Reifeprüfung, danach drei Jahre bei der Marine, 1960 bis 1965 Studium der Germanistik und Geschichte in Dresden, 1970/71 Philosophiestudium in Leipzig, Tätigkeit als Lehrer in der Berufsausbildung, seit 1983 wissenschaftlicher Mitarbeiter im Regionalmuseum (bis 1990 Bezirksmuseum) Neubrandenburg. Publikationen zu regionalgeschichtlichen Themen vom Mittelalter bis Mitte 20. Jahrhundert, u. a.: Geschichte der Juden, Produktionsgeschichte, Mecklenburger Persönlichkeiten, Neubrandenburg im Ersten Weltkrieg, Bildende Kunst in Neubrandenburg.

Peter Maubach

NEUBRANDENBURG

so wie es war

Droste Verlag

Umschlag Vorderseite: Luftbildaufnahme von 1932

Umschlag Rückseite: Blick auf den Oberbach

Die Deutsche Bibliothek – CIP Einheitsaufnahme
Neubrandenburg – so wie es war / Peter Maubach
Düsseldorf: Droste 1997
(Fotografierte Zeitgeschichte)
ISBN 3-7700-1083-3
NE: Maubach, Peter

Redaktion und Layout: Kitty Rehmer
Gesamtherstellung: Druckhaus Cramer, Greven
ISBN 3-7700-1083-3

Eine Stadt, die nach 700jähriger Existenz ihr Gesicht fast ganz verloren hat, wieder ins Gedächtnis zu rufen, soll Anliegen dieses Buches sein.
Sicher ein schwieriges Unterfangen, denn nur einige Gesichtszüge lassen sich noch erkennen. Für wenige wird fünfzig Jahre nach dem Gesichtsverlust die Erinnerung auftauchen, denn für sie war das, was gezeigt wird, Gegenwart. Hier verlebten sie Kindheit und Jugend, erlebten sie Schule und erste Liebe.
Für viele wird es Geschichte sein, die sie entdecken können.
In der Gründungsurkunde, die Markgraf Johann von Brandenburg am 4. Januar 1248 auf der Feste Spandau unterschrieb, und mit welcher er seinen Ritter Herbord beauftragte, eine Tochterstadt zu »AltBrandenburg« im Stargarder Land, im Land der »alten Burgen« der Wenden, anzulegen, heißt es: »Der Zeiten Beweglichkeit und des menschlichen Gedächtnisses Unbeständigkeit erheischen es, daß zur Kenntnis der Nachkommen die Handlungen der Vorfahren urkundlichen Schriften anvertraut bleiben, damit nicht durch die Vergessenheit, die eine Feindin der Nachkommenschaft zu sein pflegt, die Beweisgründe der Wahrheit verdunkelt und eine zweifelhafte Frage hervorgerufen werde.«
Der Nachwelt die Geschichte dieser Stadt im Gedächtnis zu erhalten, war auch das Anliegen von Wilhelm Ahlers, als er 1876 »Historisch-topographische Skizzen aus der Vorzeit der Vorderstadt Neubrandenburg« publizierte.
Seit 1863 Bürgermeister dieser Stadt, hatte er 1872 mit geschichtsinteressierten Neubrandenburger Bürgern das erste bürgerliche Museum in Mecklenburg-Strelitz ins Leben gerufen. Zeugnisse der Vergangenheit, der Lebensweise der Menschen und der Naturgeschichte wollten sie sammeln und der Öffentlichkeit zugänglich machen.
Geschichte war für Ahlers und seine Mitstreiter die Wurzel, aus der man in der Gegenwart seine Lebenskraft zog, seine Zukunft baute.
Die zu gründende Stadt wurde reich belehnt mit 250 Hufen Land und fünf Jahren Abgabenfreiheit, so daß es den Lokatoren Herbords nicht schwer gefallen war, Handwerker, Händler und Ackerbauer in dichter besiedelten Gebieten in der Mark und anderswo zu finden, die sich in dem von den Slawen bewohnten Land eine neue Existenz schaffen wollten.
Auf einer Sandscholle am Nordende des Tollensesees, die mit dem Abschmelzen der Gletscher am Ende der Eiszeit angeschwemmt war, fand sich ein geeigneter Platz, der sowohl eine Schutzlage bot, denn die Zeiten waren unruhig, aber auch Raum für den Bau der Häuser, für das Anlegen von Gärten, Weiden und Feldern.
Unsere Altvordern gingen ans Werk, rodeten den Wald und erbauten sich Häuser, Werkstätten und Ställe, bestellten den jungfräulichen Boden und schützten sich mit einer Palisade gegen Wild und Unruhestifter. Ein Gotteshaus entstand, um sich des Schutzes des Herrn zu versichern und den Segen zu erflehen.
Die Handwerker der Stadt versorgten die Einwohner und die Bauern der umliegenden Dörfer mit Kleidung, Gegenständen des täglichen Bedarfs und Werkzeugen. Die Ackerbauer produzierten die Nahrungsmittel für die Bevölkerung. Im Mittelpunkt stand der Markt, denn Handel und Handwerk waren das Recht der Stadt.
Herbord von Raven, der Stadtgründer und Stadtschulze, ließ sich sein Wohnhaus erbauen, und auch ein bescheidener markgräflicher Hof entstand, um den Beamten Unterkunft zu gewähren, als sie nach den abgabenfreien Jahren die Steuern beitrieben. Es ist auch zu vermuten, daß die Markgrafen, wenn sie ihre Besitzungen bereisten, sich in diesem Haus aufhielten. In Neubrandenburg ausgefertigte Urkunden sind Beleg dafür. Auch auf dem nahegelegenen Vogtsitz für das Stargarder Land, der Burg Stargard, waren die Brandenburger Markgrafen des öfteren anwesend, so daß der Weg zu einem Besuch der Stadt nicht weit war.
In relativ kurzer Zeit entwickelte sich ein gut organisiertes Gemeinwesen. Gediegenes Handwerk und florierender Handel bildeten die wesentliche Grundlage dafür. Schon am Ende des 13. Jahrhunderts hatten sich einige Gewerke in Zünften organisiert, um einen rechtlichen Schutz des Handwerks zu erreichen. So wurde in dem Privileg der Knochenhauer (Schlachter) von 1290 die Anzahl der Fleischscharren (Verkaufsstände) auf dem Markt festgelegt und damit die Zahl der das Gewerk Betreibenden eingeschränkt.
Das Jahr 1292 brachte für die Stadt ein Ereignis, welches für die weitere Entwicklung sehr bedeutsam war.
Am 18. August diesen Jahres heiratete der Mecklenburger Fürst Heinrich II., auch der Löwe genannt, die zweite Tochter des Markgrafen Albrecht, und sie hielten feierliches Beilager, wir würden heute sagen ihre Hochzeitsnacht, in Neubrandenburg. Diese Ehe soll den Mecklenburgern das Stargarder Land als Mitgift in Besitz gebracht haben. Das erscheint zu diesem Zeitpunkt unglaubwürdig, denn Urkunden belegen, daß das Stargarder Land auch weiterhin von Albrecht verwaltet wurde. Erst mit dem Vertrag zu Vietmannsdorf, 1304, trat Markgraf Hermann seine Ansprüche an die Mecklenburger ab.

Wilhelm Ahlers (1810 – 1889)

Nun begann in Neubrandenburg der Aufbau eines Mecklenburger Fürstenhofes und Heinrich gab der Stadt das Recht, die hölzerne Palisade durch eine steinerne Wehranlage zu ersetzen. Mauer, Torburgen, Wiekhäuser und Wallanlage wurden in den folgenden Jahrzehnten errichtet.
Als im Jahre 1314 Beatrix starb, ohne einen männlichen Erben hinterlassen zu haben, forderten die Brandenburger das Land als zurückgestorben. Diese Forderung stieß jedoch bei Heinrich nicht auf Gegenliebe, der das Land als gekauft betrachtete, wie es im Vertrag zu Vietmannsdorf vereinbart war. Nun war erstmals die Wehrhaftigkeit Neubrandenburgs gefragt, als Woldemar die Stadt erobern wollte. Heinrich verteidigte die Stadt erfolgreich, der Markgrafenkrieg zog sich in das Jahr 1316, bis es im August zur Entscheidungsschlacht bei Gransee (Schulzendorf) kam, von der es in den Chroniken heißt: »da ward das größte Streiten, das es je bei unseren Zeiten in wendischen Landen geschah.« Heinrich und seine Verbündeten erkämpften den Sieg. Nach zähen Verhandlungen wurde im November 1317 der Frieden zu Templin geschlossen. Hier heißt es: »Der Herr Markgraf hat dem Herrn von Mecklenburg das Land Stargard mit allem Rechte, zu welchem es von dem Markgrafen und dessen Vorfahren gehabt hat, zu besitzen übertragen.«

Im Oktober 1347 stellte Karl, König von Böhmen, die Urkunde über das Stargarder Land als Reichslehen an die Mecklenburger aus. Nun konnten sich auch die Neubrandenburger als Mecklenburger von höchster Stelle bestätigt finden.
Am Ende des 19. Jahrhunderts hatten die Neubrandenburger ihre Stadt und die Umgebung nicht nur für sich entdeckt. Der in Mecklenburg gebremste Geschichtsprozeß, der sich sowohl als Folgeerscheinung des 30jährigen Krieges auf die Entwicklung der Wirtschaft ausgewirkt hatte, aber auch politisch durch die Zementierung des Ständestaates mit seiner reaktionären Verfassung, führte zu einem generellen Zurückbleiben. Hier liegen auch die Ursachen für den sprichwörtlichen späteren Weltuntergang des Landes.
Nun wollte man seine Entwicklung doch mehr in die eigenen Hände nehmen. Die kleinbürgerliche Kleinstadt, die sich als Vorderstadt des (Groß)Herzogtums Mecklenburg-Strelitz zum gesellschaftlichen und kulturell-geistigen Zentrum der Region herausgebildet hatte, brauchte neue Impulse, um über die Grenzen hinaus wirken zu können.
Die Stadt und ihre Umgebung boten Reizvolles für Reisende und Urlauber, wir würden heute sagen, sie besaß alle Eigenschaften, um Touristen anzulocken. Werbung war also gefragt, und dabei ist die Anschauung immer das Wirkungsvollste.
Sicher hatten Baedeker und Grieben schon Reiseführer auch zu Mecklenburg publiziert, aber was ist schon eine Aufzählung von Sehenswürdigkeiten gegen die bildliche Darstellung der Attraktivität einer Stadt und der Landschaft.
1909 erschien das Seepanorama. Dazu war in der Neubrandenburger Zeitung zu lesen: »Im Verlag der C. Brünslowschen Hofbuchhandlung (E. Brückner) hier, erschien soeben eine reizende farbige Panoramakarte vom Tollensesee, nach der schon so oft Nachfrage gewesen ist. Zum ersten Male gibt diese Karte ein Gesamtbild über unseren herrlichen See in seiner ganzen Ausdehnung, wobei die bewaldeten schönen Ufer kulissenförmig hervortreten. Im Vordergrund sehen wir den neuen Badeweg der verlängerten Goethestraße, verfolgen dann den Seeweg bis zur Villa Schlieben, sehen Villa Eckardt, die Hochburg, Augustabad, den Aussichtsturm und die Ufer bis Kl. Nemerow. Rechts beginnt die Karte mit Villa Feuerschütz, läßt deutlich den Weg am Bach entlang erkennen mit Aussicht auf Broda, Belvedere, den Buchort bis hinauf

nach Meiershof; auch die Höhen von Neuendorf treten plastisch hervor. – Die Karte hat eine Größe von 70 x 15 Zentimeter und kostet 75 Pfg.; zur Versendung derselben mit der Post werden kleine Papprollen gratis beigegeben. – Für außerhalb wohnende geborene Neubrandenburger, sowie für die vielen Sommergäste und Touristen, sei diese Karte als passendes Andenken bestens empfohlen; für die Hotels und Villenbesitzer bietet dieselbe eine vorzügliche Reklame, zeigt sie doch so recht unsere herrliche Umgegend, die noch immer nicht genügend bekannt ist.«

Zwei Jahre später erschien das Panorama der Stadt. Es war von der O. Nahmmacherschen Buch- und Kunsthandlung herausgegeben worden. Vom höchsten Punkt der Stadt aus, dem Turm der Marienkirche, hatte der Fotograf die Stadt aufgeblättert und danach den Turm der Kirche auf das Bild montiert. Relativ gut erkennbar ist die kleinteilige Bebauung der einzelnen Quartiere, die durch das Straßenraster der fünf in der Ost-West-Richtung und vier in der Nord-Süd-Richtung verlaufenden Parallelstraßen entstanden war.

Dominierend treten einzelne Gebäude und Straßenzüge hervor. Deutlich erkennbar sind die Kleine Wollweberstraße, die Waage- und Darrenstraße, die Neutorstraße und die Stargarder Straße (von links nach rechts). An markanten Gebäuden finden wir am linken Bildrand das Treptower Tor und das Bürgermeister Brücknersche Wohnhaus, ehemals Hahnsches Palais, den Marktplatz mit dem Stegemannschen Eckhaus und dem Rathaus, hinter dem die »Goldene Kugel« zu sehen ist, das Neue Tor, das Schauspielhaus in der Pfaffenstraße und am rechten Bildrand das Stargarder Tor. Nur wenige Häuser befinden sich zu diesem Zeitpunkt außerhalb der Mauer, denn die Bebauung in diese Richtung erfolgte erst nach 1864, so daß von den 12 348 Einwohnern der Stadt ca. 80 % in den Häusern der aufgeblätterten Stadt wohnten.

Für Besucher der Stadt standen 44 Gast- und Schankwirtschaften, Restaurationen und Cafés offen, in denen für das leibliche Wohl, aber auch für Kommunikation gesorgt wurde. Seit dem letzten Drittel des 19. Jahrhunderts waren Verschönerungs- und Verkehrsverein aktiv, um die Attraktivität der Stadt zu bereichern. Wege für Spaziergänger waren angelegt worden und Rastplätze für müde Wanderer.

Ein beschaulicher Ort für Reisende und Urlauber.

Da saß man nun in einer der zahlreichen Gaststätten oder im Café, plauderte, trank, tat sich gütlich an deftiger Mecklenburger Kost oder stärkte sich nach dem Bade im See mit einem Stück Torte. Was lag da näher, als der daheimgebliebenen Verwandtschaft oder den Freunden eine Ansichtskarte zu schreiben, die deutlich machte, wie wohl man sich hier fühlt?
Die Ansichtskartenproduzenten hatten sich schon etwas einfallen lassen. Die feucht-fröhlichen Grüße basierten auf einem realen Hintergrund. Neubrandenburg war im Mittelalter für seinen Hopfenanbau berühmt. Zahlreiche Hopfengärten befanden sich westlich der Stadt. Hopfenkuhlen wurden als beliebte Mitgift in die Brautlade gegeben. Das Bierbrauen war das Recht eines jeden Bürgers und im 14. und 15. Jahrhundert befand sich in fast jedem Bürgerhaus eine Hausbrauerei, die das Dünnbier als tägliches Getränk herstellte. Hopfen war aber auch ein Exportschlager der Neubrandenburger bis weit in das 18. Jahrhundert hinein. Beschwerdebriefe an den Herzog belegen die Qualität des Neubrandenburger Hopfens, denn die Ratsherren von Rostock hatten sich das Vorkaufsrecht für dieses Produkt gesichert, was die Gewinne der Hopfenbauer erheblich schmälerte.
Zur Zeit, als die Ansichtskarte vom Weltpostverein 1905 herausgegeben wurde, waren nur noch zwei Brauereien in Neubrandenburg tätig. In der Treptower Straße braute die Firma Bechly und in der Badstüberstraße die Firma Janssen.

Die Werbekarte mit dem Konditorjungen weist darauf hin, daß die Herstellung dieser Köstlichkeiten auch in Neubrandenburg gepflegt wurde. 1900 gab es immerhin vier Konditoreien in der Stadt.
Werbung wurde hier aber nicht nur für die leckeren Dickmacher betrieben, unter der Torte befand sich ein kleines Leporello mit 12 Ansichten. Die Stadttore und Wiekhäuser, das Rathaus und die Marienkirche, der Fangelturm und die ehrwürdigen Eichen des Walles, aber auch die Bilder vom See waren zu sehen.
Man wollte also einladen zum Augenschmaus, zum Genuß von Architektur und Natur, ohne das leibliche Wohl zu vergessen.
Vielleicht waren beide Karten aber auch für jeweils andere Zielgruppen gedacht. Für die Männer hatte man das Faß parat und für die Damen die Cafés. Wir können heute keinen mehr befragen, denn die Karten sind immerhin neunzig Jahre alt.
Begeben wir uns einfach auf einen Rundgang in die Stadt, um sie zu entdecken, um sie bildhaft zu machen, denn so, wie wir sie hier sehen werden, ist sie nicht mehr.

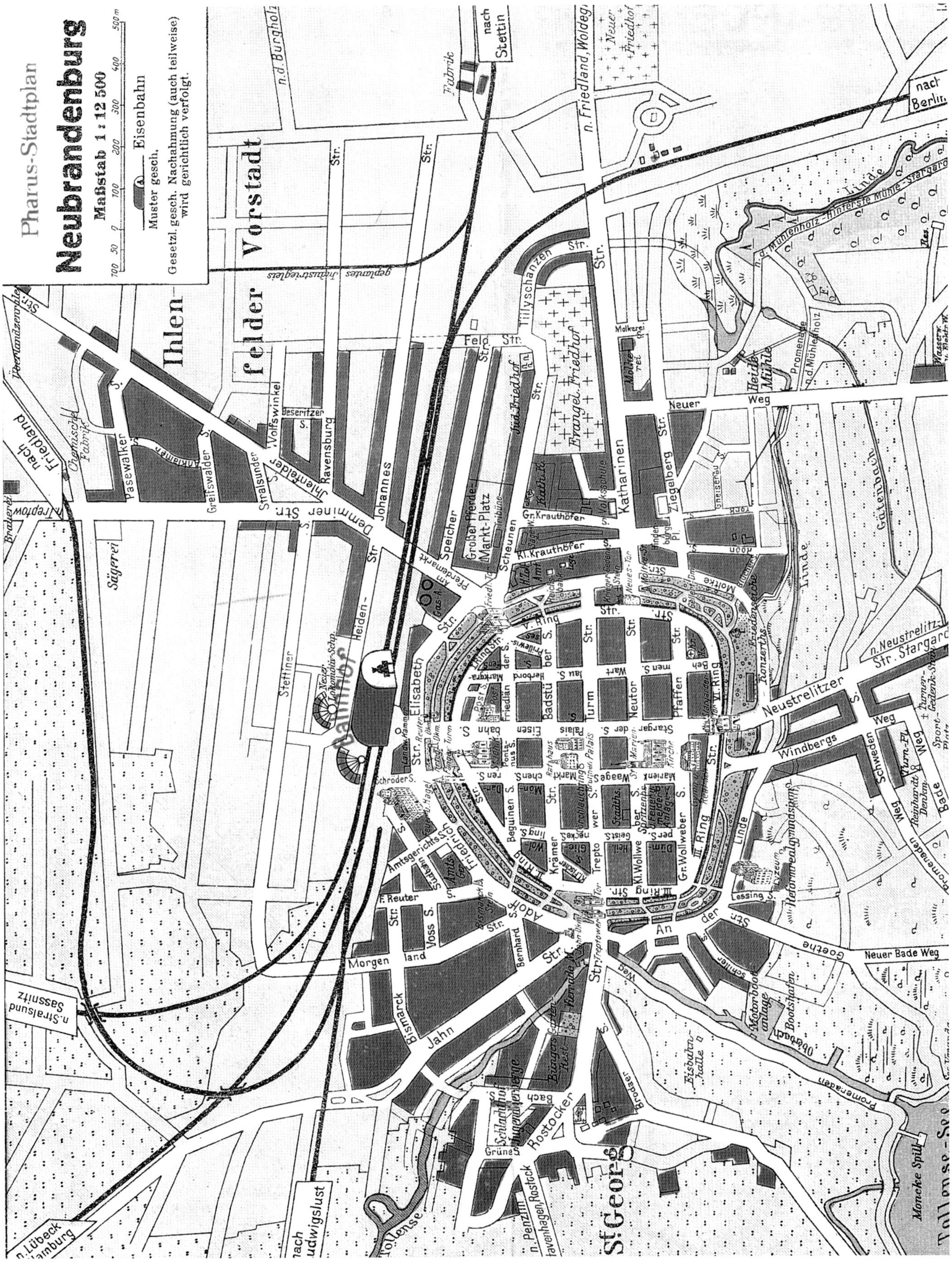

Dieser Pharusplan aus dem Jahre 1925 zeigt sehr anschaulich die fast kreisrunde Stadtanlage mit dem geometrisch gegliederten Straßenraster. Relativ wenig ist die Stadt aus der Mauer gewachsen und der Wall umschließt die Innenstadt. Deutlich wird aber auch, daß sich die Stadt in den kommenden Jahren weiter ausdehnen wird, die neuen Bauflächen sind schon erkennbar.

Das Friedländer Tor, aufgenommen um 1900 von der Feldseite. Wir erkennen einen Teil des Zingels, das Vortor, die nach dem 30jährigen Krieg eingebauten Torschreiber- und Steuereinnehmerhäuser und im Hintergrund das Haupttor.

»Wenn Steine reden könnten!«, sagt man immer dort, wo die schriftlichen Quellen fehlen. So geht es uns auch mit dem Bau der Torburgen in Neubrandenburg. Wir wissen nichts von den Baumeistern, Maurern, Zimmerleuten und Zieglern, die im 14./15. Jahrhundert diese Anlagen schufen.

Die älteste und mächtigste Toranlage ist das Friedländer Tor im Nordosten der Stadt. Anfang des 14. Jahrhunderts entstand zuerst das Haupttor mit einem seitlichen Treppenturm und ein Teil der Zwingermauern. Von hier aus hat man vielleicht schon die Brandenburger unter Woldemar beobachtet, die nach der erfolglosen Belagerung Woldegks vor die Stadt zogen, um das »zurückgestorbene« Land zu erobern. Wie wir wissen, nahmen sie die Stadt nicht ein. Nach der Beendigung des Markgrafenkrieges konnte vermutlich erst die Anlage mit dem Bau des Vortores und dem Schließen der Zwingermauern vervollständigt werden. Der Zingel vor dem Vortor wurde erst in der Mitte des 15. Jahrhunderts vorgesetzt, da die Angriffe von dieser Seite auf die Stadt am häufigsten geführt wurden. Über die ersten 250 Jahre schweigen die Quellen. Wir erfahren nichts darüber, für wen sich die schweren Torflügel öffneten oder wann das Fallgatter fiel, wenn Bedrohung gemeldet wurde und der erste Bürgermeister die Angehörigen einer der Hauptzünfte zur Verteidigung der Toranlage und damit der Stadt rief. Sicher passierten Händler und Bauern, den Markt aufsuchend, das tagsüber geöffnete Tor, trieben die Hirten das Vieh der Bürger auf die Stadtweide, gingen die Ackerbauern zur Bestellung der Felder oder zum Einbringen der Ernte an den Torwärtern vorbei, grüßten oder plauderten mit ihnen.

Mitte des 16. Jahrhunderts befanden sich die Tore in keinem guten Zustand, so daß eine Restaurierung erfolgte. Interessanterweise geschah das mit Kirchenmitteln, wie der Chronist Franz Boll berichtet.

Erst 1631, der 30jährige Krieg wütete schon Jahre in Mecklenburg, gibt uns der Pontanusbericht »Truculenta Expugnatio Sanguineolentumque Excidium Neobrandenburgicum« über die »Erschröckliche Eroberung und blutige Zerstörung« der Stadt Nachricht. Die mittelalterliche Wehranlage war der neuen Kriegstechnik nicht mehr gewachsen. Zu Beginn des Jahres 1631 hatten schwedische Truppen unter Dodo von Kniephausen die Stadt besetzt. Anfang März zog General Tilly mit dem Heer der Kaiserlichen vor die Stadt. Nach dreitägigem Beschuß wurde die Stadt gestürmt und ein furchtbares Blutbad angerichtet. Das Friedländer Tor betreffend, heißt es im Bericht des Augenzeugen: »... bald darauff continuirt das andere Tyllische Regiment den Sturm, ... und fielen mit eußerster Macht an, worzu sich auch viele von der Reuterey mit haben gebrauchen lassen, und eroberten den Wall am Friedlandischen Thor, welchen Post der Oberste Kniphusen und Capitäin Pfluch defendirten, und obwohl Capitäin Pflug schon zweyer geschossen, und hart blessiret, hat er doch mit einem Schlachtschwerdte sich lange gewehret, und viel aufsteigende Tyllische Soldaten niedergematzet, bis er auch endlich mit einer Musqueten-Kugel durch den Kopf geschossen, und todt zur Erde gefallen, und haben die Königsche Soldaten zwischen zwo enge Mawren getrieben, und dergestalt darunter gemetzschet, daß man in einem Plątz etwa dreißig oder viertzig Schuch in der Circumferentz begriffen, zweene und neuntzig Personen über einander Todt hat ligend gefunden, wie man auch bey Begrabung der Erschlagenen, zwischen dem Friedlandischen Thore und Zingel, Leiche bey Leiche, abgehawene Feuste, Finger, Füße, Arme, Beine, Hirnschalen und andere Menschliche schampffirdte Gliedmaßen gefunden ...«

Das Haupttor des Friedländer Tores ist das älteste der vier Torburgen. Die stadtseitige Ansicht verdeutlicht das Gewaltige dieser Anlage. Die Straßenbebauung führte unmittelbar an das Tor heran.

1909 brachten die Bürger der Stadt diese Marmortafel im Zwinger des Friedländer Tores an. Sie sollte an »Tillys Tieden« von 1631 und den heldenhaften Verteidiger der Torburg erinnern.

Die Aufnahme aus dem Jahre 1883 zeigt noch die alten Torflügel des Friedländer Vortores. Zu diesem Zeitpunkt hatten sie praktisch keine Funktion mehr, da 1863 die Torsperre aufgehoben wurde.

Die Zingelanlage des Friedländer Tores um 1885 von der Feldseite zeigt, daß die militärische Funktion schon lange weggefallen ist. Nun hat das Gelände schon mehr einen parkähnlichen Charakter.

Eine Gruppe Kinder stellte sich hier 1926 dem Photographen. Der Kinderspielplatz vor dem Friedländer Tor war ihr Reich.

1770 erlebten die Steine des Tores ein anderes Ereignis. Die Götterich, eine von ihrem Mann verstoßene Frau, sollte die vor dem Friedländer Tore wohnende Witwe Zimmermann und ihre drei minderjährigen Kinder mit dem Beile erschlagen haben. Diese furchtbare Tat wurde in einem Gerichtsverfahren in Neubrandenburg verhandelt. Das Urteil war grausam wie die Tat, es lautete »Tod durch rädern«. Am 19. Dezember 1770 wurde das Urteil vollstreckt. Die Delinquentin wurde nicht wie üblich durch das Neue Tor zum Galgenberg geführt, sondern mußte den Weg durch das Friedländer Tor an der Stätte ihrer Tat vorbei nehmen. Die Hinrichtung erfolgte dann unter »lebhafter Beteiligung der Neubrandenburger«. Aber das sollte man im »Neuen Pitaval« von 1863 selbst nachlesen.

Nicht nur Gewalttaten kennzeichneten das Leben an der Toranlage. Die täglich aus- und eingehenden Einwohner, Händler, wandernden Handwerksgesellen und Durchreisenden prägten das eigentliche Bild. Die Kontrolle durch die Torwärter wird manchen Disput hervorgerufen haben, denn ihre Pflicht war es auch, wenn sie morgens die Tore geöffnet hatten, die Stadt vor »Bettlern und Vagabonden zu schützen«. Die Steuereinnehmer waren wichtig für das Stadtsäckel, wenn sie die Zollgebühren eintrieben. 1805 gab es deswegen ernsthafte Auseinandersetzungen an den Toren. Herzog Carl hatte den sogenannten »Judenleibzoll« aufgehoben, d. h. Juden mußten außer für die Waren, die sie zum Handeln mit sich führten, auch für ihre Person Zoll zahlen. Dieser sollte nun wegfallen. Die Neubrandenburger waren mit dieser Verordnung nicht einverstanden, wollten auf diese Einnahmequelle nicht verzichten und kassierten weiter ab. Erst massive Proteste der Juden beim Herzog und mehrere geharnischte Schreiben desselben an den Magistrat führten dazu, daß man diesen diskriminierenden Zoll nicht mehr erhob.

Zu Beginn des 20. Jahrhunderts wurde das Treiben am Tor lebhafter. Die Stadtväter hatten vor dem Friedländer Tor einen Kinderspielplatz eingerichtet, der nun ein beliebter Treffpunkt der kleinen Gesellschaft aus der Friedländer Straße wurde. Der Zingel, die Wallgräben und die Bäume auf dem Wall boten einen idealen Platz für Spiele aller Art. Greifen und Verstecken, Murmeln und Dritten Abschlag, »Wer hat Angst vorm schwarzen Mann?« und »Fischer, wie hoch steht das Wasser?« oder wie die Spiele alle hießen sind sicher mit großer Hingabe, wie sie Kindern eigen ist, gespielt worden. Dabei mußten sie ihren Tatendrang aber immer etwas bremsen, denn der Wallwärter sah es nicht gern, wenn die Kleinen über die Stränge schlugen.

Das Stargarder Tor war die zweite Torburg der Neubrandenburger Wehranlage. Die Bauzeit ist vermutlich in das zweite Drittel des 14. Jahrhunderts zu datieren. Auch hier entstand zuerst das Haupttor, dem später das Vortor mit den verbindenden Zwingermauern folgte. Ein prachtvolles Maßwerk als Ziergiebel an der Feldseite des Vortores erinnert an den Ostgiebel der Marienkirche und unterscheidet es vom schlichteren Friedländer Tor.

Eine weitere Besonderheit finden wir am Stargarder Tor sowie am Neuen Tor. In den Blendnischen der Stadtseite des Haupttores sind in der Höhe des beginnenden Treppengiebels neun (am Neuen Tor acht) Figuren, auf Konsolen stehend, angebracht. Köpfe, Arme und Füße sind aus Ton gebrannt, die Körper aus überputztem Mauerwerk. Wann diese Figuren entstanden und wer der Schöpfer war, darüber schweigen die schriftlichen Quellen. Somit ist der Raum für Legenden gegeben. Begriffe wie Jungfrauen, Nonnen, Adorandinnen oder Ratsherren tauchen immer wieder auf und

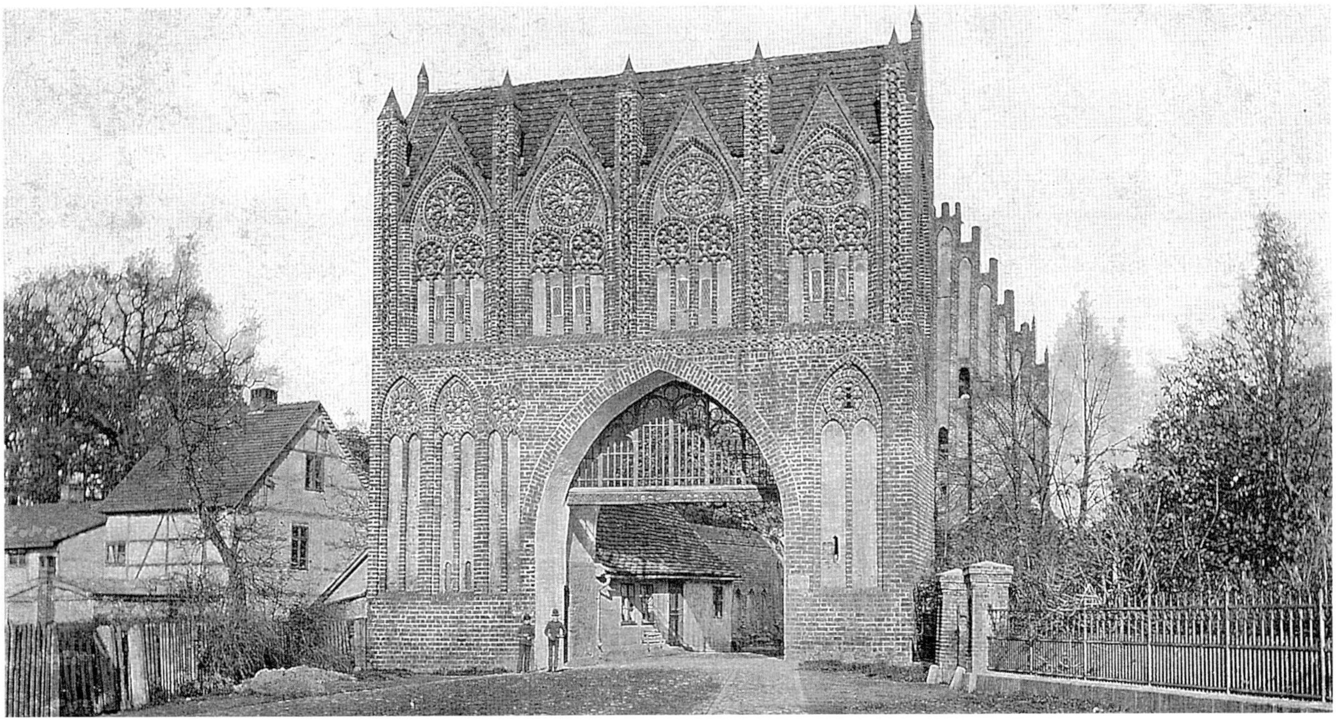

Das Vortor des Stargarder Tores präsentiert sich mit seinem prächtigen Maßwerk. Links sieht man das »Kramersche Gesellschaftshaus«, das 1925 abgerissen wurde, um Platz für den neuen Filmpalast zu machen.

Die Stadtseite des Stargarder Vortores ist schlichter gehalten. Im Zwinger sehen wir die nach dem 30jährigen Krieg eingebauten kleinen Häuser der Torschreiber und Steuereinnehmer.

zeugen von der Phantasie der Legendenbildner. Nennen wir einige davon. Die einen bringen das Tor mit dem Fürsten Heinrich und seiner Frau Beatrix in Verbindung, denn von Stargard kommend, wird er hier in Neubrandenburg eingezogen sein, und die das junge Paar begrüßenden Ehrenjungfrauen wurden vielleicht am Tor verewigt? Aber 1292 war noch nicht an das Tor zu denken.

Der Weg nach Süden aus der Stadt führte auch zu dem nahegelegenen Nonnenklo-

Die Stadtseite des Stargarder Haupttores zeigt sich mit seinen neun Figuren, die immer wieder Fragen der Besucher der Stadt provozieren.

ster Wanzka. Waren es die adligen Damen, die hier ihr Leben Gott geweiht hatten, die den Segen für die Stadt erbaten? Auch das ist fraglich, denn es ist anzunehmen, daß die Figuren erst im 16. Jahrhundert, vielleicht erst nach der Reformation am Tor angebracht wurden. Oder waren es die Ratsherren Neubrandenburgs, die nach ernsthaften Auseinandersetzungen mit der Bürgerschaft sich besänftigend an den beiden Toren präsentierten?

Ein Herr von Sprewitz veröffentlichte in der Neubrandenburger Zeitung 1877 ein Gedicht, die Figuren betreffend. In 44 Vierzeilern beschrieb er einen Traum unter dem Titel »Die Frauengestalten auf dem Neuthor und Stargarder Thor zu Neubrandenburg«. Hier eine Kostprobe:

»Man kann hier siebzehn Frauen
Behemdet nur, von Stein
auf zweien Thoren schauen –
Hier acht und dort neun.
Die Häupter sind nach oben,
Die Arme himmelan,
Wie flehend aufgehoben –
Was deutet solches an?
So muß ich längst schon fragen
Und fragt ich gestern noch,
Und Jeder möchte es sagen,
Und keiner weiß es doch.
Auch Boll und Ahlers wissen
Davon zu melden nicht –
Ein gänzliches Vermissen
Von Kunde und Gedicht!
Und niemand wird doch sagen –
Er würde ausgelacht –
Das hätt' in alten Tagen
Man ohne Zweck gemacht.
Noch daß im Styl der Alten,
Es eitel Zierrath sei:
Denn jede der Gestalten
Ist sichtlich Conterfei.
Im letzten Morgengrauen
Hab ich den Traum befragt
Und will der Stadt vertrauen
Was der mir hat gesagt.«

Im Traum sind dem Herrn von Sprewitz die »heidnischen Slawen« der Vorzeit erschienen, die die junge Stadt bedrohten. Die Männer lagen im Schlaf, aber die Frauen waren aufmerksam. Nur mit dem Nachtgewand bekleidet besetzten sie die Tore und ließen die Gatter fallen, riefen die Männer zum Kampf, flehten den Segen des Herrgottes herab und verhinderten so die Vernichtung der Stadt. Ihr Mut und ihr Handeln wurde nun steinernes Denkmal. Soweit der Herr von Sprewitz.

Noch manch andere Geschichte über die Figuren wird erzählt. Mir gefällt eine Bemerkung von Fritz Reuter am besten. Als er befragt wurde, was er zu diesen meint, definierte er sie als Ratsherren, die die Hände heben und ausrufen: »Wi hemm ok keen Geld«. Was für die wirtschaftlichen Probleme der Stadt sicher oft zutreffend war. Schauen sie sich die Tore an und vielleicht fällt ihnen eine neue Legende ein.

Das Treptower Tor ist das größte und am prächtigsten ausgestattete. Immer wieder zitiertes Beispiel norddeutscher Backsteingotik, hat es wahrscheinlich Ricarda Huch zu der Bemerkung veranlaßt, daß die Tore Neubrandenburgs mehr zur Zier als zur Wehr erbaut wurden. Bis zur höchsten Spitze mißt das in der zweiten Hälfte des 14. Jahrhunderts erbaute Haupttor fast 32 Meter. Das ergab sich aus der Funktion des Tores. Während die Blickrichtung nach Nordost und Süd vor allem ins flache Land ging, erhoben sich nach Westen die Höhen von Broda, lagen die Hopfengärten und vor allem unmittelbar vor dem Tor war die Vierrademühle als eine wichtige Versorgungseinrichtung wahrscheinlich wenige Jahre nach der Stadtgründung erbaut worden. Sie mußte im Falle drohender Gefahr durch die Verteidiger der Stadt besonders geschützt werden. Durch dieses Tor kamen der Probst und die Mönche des Klosters, die »witten Herren«, die das Patronat über die Marienkirche ausübten, hielten dort Gottesdienst und nahmen den Sündern die Beichte ab. Aber nicht nur zu frommen Zwecken besuchten sie die Stadt, sie pochten auf ihre älteren Rechte im Territorium und wollten sich ihre Pfründe nicht durch die Stadt schmälern lassen. Durch das Tor wurden die Siechen zur naheliegenden St. Georgs-Kapelle gebracht.

Es war aber vor allem das Tor zu den Handelswegen nach Penzlin, Rostock und Treptow an der Tollense.

Vor dem Tor lag die Hopfenburg, das frühere Haus des Hopfengärtners und nun Gastwirtschaft, die sich im 18./19. Jahrhundert auch bei einigen Neubrandenburgern großer Beliebtheit erfreute. So gibt es die Geschichte vom geprellten Torwärter. Als eine Zechgemeinschaft sich eines Tages nicht rechtzeitig vom abendlichen Umtrunk trennen konnte, hatte der Torwärter die Tore, wie es seine Pflicht war, geschlossen. Nun war der Einlaß in die Stadt nur gegen einen Obolus möglich. Die Ehefrauen erwarteten ihre Männer sicher schon. Also mußte der Torwärter herausgeklopft werden, um durch die Seitenpforte Einlaß zu finden. Die Gesellschaft marschierte im Gänsemarsch am Torwärter mit dem Hinweis vorbei, daß der Letzte bezahlt. Das war allerdings der Hopfenwirt, der, sicher nicht ganz unschuldig an der Situation, seinen Gästen heimgeleuchtet hatte. Freundlich grüßte er den Torwärter und kehrte schmunzelnd um. Die Zecher waren in der Zwischenzeit still durch den dunklen Torweg verschwunden.

1873 zogen die Museumsleute in das Treptower Tor ein. Der Magistrat hatte dem ein Jahr zuvor gegründeten Museumsverein das Haupttor zur Einrichtung eines Altertumsmuseums zur Verfügung gestellt. Nun konnte in der ausgebauten ersten Etage die Schau, die durch reichliche Spenden der Neubrandenburger schon zu einer beachtlichen Sammlung angewachsen war, der Öffentlichkeit präsentiert werden. In den folgenden Jahren wurden weitere Etagen ausgebaut und heute kann man in fünf Etappen durch die Geschichte wandeln, aber sich auch im Geist in die Lage der früheren Verteidiger der Stadt versetzen, einen Blick ins Land vor dem Tor werfen.

Die Zunahme der Bevölkerung und das Anwachsen des Handels forderten eine weitere Öffnung der Mauer. So kam es in der zweiten Hälfte des 15. Jahrhunderts zum Bau des Neuen Tores. Diese Torburg war auch als Komplex mit Haupttor, Zwinger, Vortor und Zingel angelegt. Im 30jährigen Krieg war neben dem Friedländer Tor vor allem das Neue Tor Hauptangriffspunkt der Tillyschen Truppen. Intensiver Beschuß zerstörte Zingel und Vortor, und neben dem Neuen Tor gelang es den Kaiserlichen, nach dreitägigem Beschuß, eine Bresche in die Mauer zu schießen, durch welche die Belagerer in die Stadt strömten und mit Schwert und Feuer ein furchtbares Gemetzel begannen.

Von dieser Torburg blieb nur das Haupttor erhalten, da die Ruine des Vortores und des Zwingers 1852 wegen Gefährdung des Verkehrs abgebrochen wurde.

Das Neue Tor in seinem ruinierten Zustand war ein beliebtes Motiv bei Malern, so daß sich aus den Zeichnungen von Caspar David Friedrich und dem Gemälde von Wilhelm Ludwig Riefstahl die alte Anlage doch recht deutlich zeigt.

Das Vortor des Treptower Tores zeigt ein ebenso filigranes Maßwerk wie das Stargarder Tor. Viele Fußgänger gingen durch das Tor, um den Spazierweg am Oberbach zum See zu benutzen.

Das Treptower Haupttor ist hier aus der dritten Ringstraße zu sehen. Es ist mit fast 32 Metern das höchste der vier Tore.

Es ist schon erstaunlich, daß solch ein schwer beladener Erntewagen das Tor passieren konnte.

Das erhaltengebliebene Haupttor des Neuen Tores von der Stadtseite zeigt die hier angebrachten acht Figuren, die sich in ihrer Haltung nur unwesentlich von denen des Stargarder Tores unterscheiden. Rechts vom Tor sehen wir das Haus des Wallwärters.

Flehen die Figuren nun den Segen herab oder heben sie nur resignierend die Hände?

Das »Eisenbahnertor« am Nordende der Nord-Süd-Magistrale war die erste große Maueröffnung. Nun wuchs die Stadt auch außerhalb der Mauer.

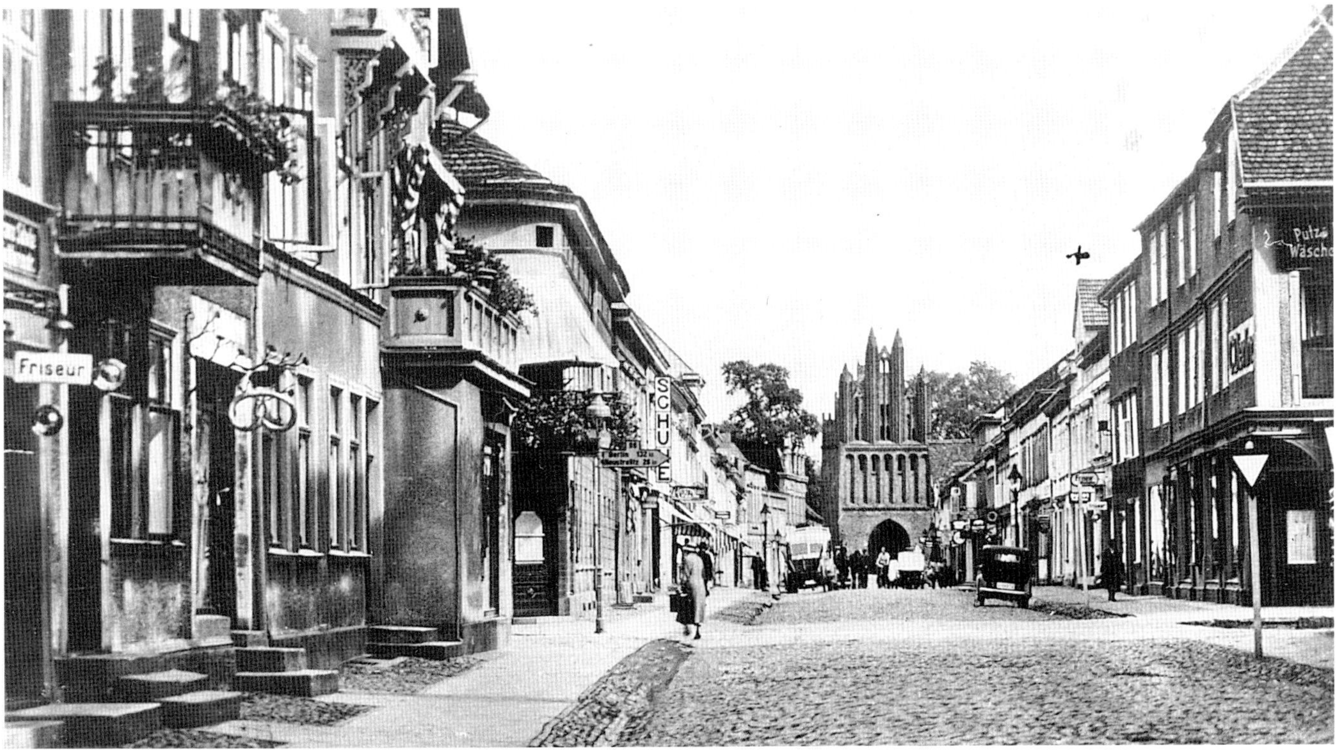

Der Blick aus der Pontanusstraße zum Friedländer Tor zeigt die ehemalige Hauptverkehrsstraße als Geschäftsstraße im ersten Drittel unseres Jahrhunderts.

Der Fangelturm, der der Turmstraße den Namen gab, stürzte 1899 ein und wurde nicht wieder aufgebaut.

615 Jahre nach der Gründung bekam die Stadt ein fünftes Tor, das »Eisenbahntor«. Die Wehrhaftigkeit der Mauer und der Tore hatte sich schon im 30jährigen Krieg als überholt erwiesen, aber ihre Funktion war durch die Tore erhalten. Nur durch diese erhielt man Einlaß in die Stadt. Täglich wurden sie morgens mit Sonnenaufgang geöffnet und mit dem Sonnenuntergang geschlossen. Die Torwärter kontrollierten die Einlaß-Begehrenden und die Zolleinnehmer verlangten von den Händlern ihren Obolus.
Nun war man auch in Mecklenburg dazugekommen, neue Technik im Verkehrswesen einzusetzen. Eisenbahn war das neue Zauberwort. Das kleine Mecklenburg-Strelitz baute zwar noch keine Schienenstränge, aber der »große Bruder« in Mecklenburg-Schwerin wollte den Anschluß an andere Länder. So ließ Friedrich Franz eine Eisenbahn von Güstrow nach Neubrandenburg bauen, die nach Stettin weiterführte. Die Bahnlinie tangierte die Stadt im Norden und der Bahnhof wurde außerhalb der Mauer gegenüber dem alten Franziskanerkloster errichtet. Die Tore waren aber im Osten und Westen der Stadt. Also wurde ein Mauerdurchbruch erforderlich, um den kürzesten Weg zum neuen Verkehrsmittel zu haben. Die Neubrandenburger konnten dem Gedanken, daß die jahrhundertelang erhaltene Wehranlage nun eine Lücke haben sollte, nicht begeistert folgen, denn man hatte immer wieder Schäden an der Mauer ausgebessert und keine Mauerlücken zugelassen, die durch eingestürzte Wiekhäuser entstanden waren. Einige Bürger, allen voran der Apotheker Dr. Siemerling, hatten aber erkannt, daß die Zukunft der Stadtentwicklung auch vom neuen Verkehrsmittel abhängig war. Sie stritten energisch um das fünfte Tor und setzten sich durch. Ihnen kam jedoch der Umstand zugute, daß 1863 die Torsperre aufgehoben wurde und damit die wichtigste Funktion der Tore weggefallen war. So erfolgte Ende 1863 der Mauerdurchbruch am Kloster, Wälle und Gräben wurden planiert. Ein Teil des Langchores der Johanniskirche mußte der neuen Zufahrt zum Bahnhof weichen und die Stadt erhielt eine neue Nord-Süd-Magistrale. Am 15.11.1864 wurde der erste Zug, von Güstrow kommend, von den Neubrandenburgern begrüßt. Kein Schlagbaum brauchte mehr errichtet werden, um Reisende zu kontrollieren, und auch die Torflügel an den anderen Toren blieben Tag und Nacht geöffnet. Die Torwärter und Zolleinnehmer hatten ihren Arbeitsplatz verloren.
Zwei große Pfeiler markierten die neue Einfahrt in die Stadt. Die Mauer war links und rechts der Pfeiler abgeflacht als Ziermauer entstanden.
Mit der Fertigstellung der Wehranlage im 14./15. Jahrhundert erfolgte wahrscheinlich auch der planmäßige Ausbau des Straßenrasters. Eine der ersten Straßen, die schon unmittelbar nach der Stadtgründung ihr Gesicht erhielt, war die Friedländer Straße. In unmittelbarer Nähe des Friedländer Tores, auf der Südseite, ließ sich Herbord von Raven, der Stadtgründer, sein Haus erbauen. Nach seinem Tode wurde das Gebäude zur Nikolaikirche umfunktioniert. Später verfiel das Gebäude und fand nun nur noch als Kornspeicher Verwendung, wie Latomus im 17. Jahrhundert berichtet. Zu dieser Zeit befand sich noch ein Balken mit der Inschrift »biddet vor Alborus Raven, anfenger dieser Stadt«, in dem abbruchreifen Gebäude. Die Friedländer Straße war eine der Hauptverkehrsadern der Stadt, denn über diese Straße führte der Handelsweg nach Osten sowohl in das benachbarte mecklenburgische Friedland als auch in die Uckermark. Die Straße wurde von Wohn- und Geschäftshäusern gesäumt und ankommenden Reisenden boten Herbergen Unterkunft.
Zur südlich parallellaufenden Badstüberstraße führte vom Friedländer Tor eine kleine Stichstraße, die 1876 den Namen Prillwissestraße erhielt. Sie war zu Ehren des Bürgermeisters Heinrich Prillwisse so genannt worden, der im Kampf gegen die Treptower bei einem Ausfall vor das Friedländer Tor am 24. Juni 1469 fiel. Ein Gedenkstein vor dem Zingel des Tores erinnert noch heute an diese Tat.
Durch diese Lösung konnte es zu einem fließenden Verkehr kommen. Die in die Stadt rollenden Fuhrwerke nutzten die Friedländer Straße in Richtung Westen, die von Treptow kommenden fuhren über die Badstüber-, Prillwissestraße zum Friedländer Tor hinaus.
Die Badstüberstraße hatte im Mittelalter eine wichtige hygienische und soziale Funktion. Hier befanden sich die städtischen Badestuben, die von großen Teilen der Stadtbevölkerung genutzt wurden, denn derartige Einrichtungen gab es in den wenigsten Häusern der Stadt. Hier waren auch die Bader tätig und halfen den Bürgern über man-

che Krankheit. Badestuben waren sicher auch beliebte Treffpunkte zur Kommunikation.
Auch später gab es einen beliebten Anlaufpunkt in dieser Straße. Seit 1757 existierte hier das »Brennerei-Geschäft des A. Boll«. Seit 1907 brannte Gustav Boll seinen stadtbekannten Kümmel, den man im Probierstübchen verkosten konnte, was den Berichten nach nicht nur die Neubrandenburger Herren reichlich taten.
Die nächste Parallelstraße der Ostseite der Stadt erhielt ihren Namen von dem trutzigen Fangelturm, der am Ende der Straße in die Mauer eingelassen war. Zwei Funktionen hatte dieser Turm, einerseits war er als Beobachtungspunkt des Geländes im Osten der Stadt wichtig, andererseits diente er als »Bürgergehorsam«, um renitente Einwohner wieder zur Besinnung und zum Gehorsam gegenüber der Obrigkeit zu bringen. Über einen Treppenturm war das Einstiegsloch in das Verlies zu erreichen, in das der Delinquent hinabgelassen wurde. Die Standfestigkeit des Turmes war aber nicht so, wie es äußerlich aussah, denn das Fundament war nur ebenerdig. So ist es nicht verwunderlich, daß, nachdem der Zahn der Zeit doch jahrhundertelang an den Mauern genagt hatte, der Turm am 5. April 1899 einstürzte. Dieser nicht etwa verspätete Aprilscherz las sich in der Neubrandenburger Zeitung einen Tag später so: »Die Einwohner des östlich gelegenen Stadttheils wurden heute Morgen gegen 6 Uhr durch eine heftige Erschütterung und ein donnerartiges Getöse erschreckt. Der am Ende der Thurmstraße in der Mauer befindliche Thurm war plötzlich zusammengestürzt. Glücklicherweise ist hierbei kein Mensch verunglückt. Das nahe gelegene Haus des Schlächtermeisters Gau sen. wurde durch die herabsausenden Trümmer beschädigt, indem die Vorderwand des Hauses theilweise eingedrückt wurde. Der Hausbesitzer, welcher in einem Vorderzimmer schlief, wurde durch die hereinbrechenden Steine und umgestoßenen Möbel recht unsanft aus dem Schlummer geweckt. Die Ring- und die Thurmstraße sind an der Unfallstelle auf einige Zeit gesperrt. Der größere Theil des niederstürzenden Thurmes ist auf den Schützenwall und in den Schützengarten gefallen. Einige Telephondrähte, welche am Thurm befestigt waren, liegen herniedergerissen auf der Straße. Arbeiter, welche in der Nähe des Thurmes in den Anlagen arbeiteten, haben kurz vor dem Niederstürzen desselben bemerkt, daß es knisterte und einzelne Stücke hernieder-

Sieben Jahre nach dem Einsturz des Fangelturmes am Ende der Turmstraße führt der Weg vom Wall direkt zur Stadtmitte.

Wo einst die Wollhändler ihre Ballen lagerten entstand 1927 das Kaufhaus Karstadt. Es war keine architektonische Glanzleistung und paßte nicht in das kleinstädtische Stadtbild, aber es war gebaute Zeitgeschichte, der erste Einkaufstempel der Stadt.

Die Neutorstraße mit städtischem Grün hatte als Repräsentationsbau, der kurz vor der Jahrhundertwende entstand, die Kaiserliche Reichsbankfiliale.

Stolz zeigen sich Besitzer und Angestellte der Bäckerei Gaartz vor ihrem Haus in der Neutorstraße.

Keine Hinterhofatmosphäre der Großstadt, sondern Idylle hinter der Fassade im Innenquartier, war der Innenhof der Bäckerei Gaartz.

Neugierig schauen die Kinder der Familie des Pferdehändlers Friedrich Sumpke auf den Photographen aus dem Erkerfenster der Neutorstraße 2.

fielen, sie sind hierdurch gewarnt und vor Unglück bewahrt worden. Einer Frau, welche gerade in der Ringstraße ging, flogen, als sie noch in der Nähe des Thurmes war, einige herabfallende Trümmer nach. Sie erschrak so heftig, daß sie die Sprache verlor und in ein nahe gelegenes Haus gebracht werden mußte.« Man kam also noch einmal mit dem Schrecken davon. So wurde der Turm nicht mehr aufgebaut und die Mauer hatte eine weitere Lücke, durch die die Neubrandenburger auf den Wall gelangten. Heute erinnert nur der Name der Straße an das Bauwerk in der Mauer.

Ein weiteres Bauwerk in der Turmstraße erregte die Gemüter der Neubrandenburger in der zweiten Hälfte der zwanziger Jahre unseres Jahrhunderts. Der alte Wollspeicher an der Ecke Turmstraße – Palaisstraße, der über viele Jahrzehnte die großen Ballen Schafwolle, die von Gütern zum Neubrandenburger Wollmarkt gebracht wurden, aufnahm, war in die Jahre gekommen und keine Zierde des Stadtzentrums mehr. Der Kaufhauskonzern Karstadt hatte das baufäl-

lige Gebäude erworben und begann nach dem Abriß mit den Neubau eines modernen Kaufhauses. Es war der erste und bis 1945 einzige Betonbau in der Stadt. Seine strenge und nüchterne Fassade, seine klotzige Kubusform riß die Neubrandenburger nicht gerade zu Begeisterungsstürmen hin. Sie fanden den Bau als nicht passend in die Architektur der Stadt, er überragte alle anderen Gebäude und war ihnen zu klobig. Aber der Bauherr hatte genügend Geld, um sich durchzusetzen.
Das zuletzt erbaute Neue Tor wurde vor allem von den Neubrandenburgern genutzt. Hier führte der Weg zu den Gärten und Feldern, Heiden und Wiesen. So war die Neutorstraße in ihrer ersten Bebauung wahrscheinlich durch die Ackerbürger der Stadt geprägt. Noch um die Jahrhundertwende finden wir nur wenige Geschäfte. Im letzten Drittel des 19. Jahrhunderts hatte der Hutmacher Hermann Präffcke in dieser Straße seine Hutfabrik etabliert. Die Honoratioren versorgten sich bei ihm mit Zylindern oder Klapphüten und die Schüler des Gymnasiums und später auch der Bürgerschule holten sich hier jedes Jahr eine neue Schülermütze. Nach dem ersten Weltkrieg erwarb die Familie des Professors Heinrich Tessenow (1876 – 1950) das Haus Nr. 26. Wenn sich der Professor auch selten in Neubrandenburg aufhielt, Lehraufträge in Wien, Dresden und Berlin sowie seine Bautätigkeit in verschiedenen Städten Deutschlands ließen ihm nur wenig Zeit für seine Familie, so waren die Neubrandenburger stolz darauf, solche Persönlichkeit in ihren Mauern zu beherbergen. Es war also nicht verwunderlich, daß die Neubrandenburger Zeitung 1926, zu seinem 50. Geburtstag, in einem umfangreichen Artikel ihn als »Unseren Heinrich Tessenow« würdigte.
1893 finden wir die Bäckerei Gaartz in der Neutorstraße, in der sich die umwohnenden Neubrandenburger mit ihrem »täglich Brot« versorgten. Auf dem Hinterhof der Bäckerei befand sich nicht nur ein idyllischer Kaffeegarten, sondern auch die Werkstatt des Holzbildhauers Streu. Manches von ihm gefertigte Grabkreuz zierte auf dem Friedhof die letzte Ruhestätte Neubrandenburger Bürger.
Waren die meisten Häuser der Straße schlichte verputzte Fachwerkbauten, präsentierte sich das erste Haus auf der Nordseite in prächtiger klassizistischer Formensprache. Hier wohnte der Pferdehändler Friedrich Sumpke, der allerdings nicht so stadtbekannt wie sein Bruder Ludwig war, auf den später noch zu kommen ist.

Die Grußkarte aus dem Jahre 1900 zeigt oben rechts die Merckersche Anstalt für Bewegungskuren. Hier konnten Unfallpatienten behandelt werden, die die Beweglichkeit ihrer Gliedmaßen eingebüßt hatten.

Der Blick in die Pfaffenstraße verdeutlicht den Zeitcharakter der Gründerzeit mit den umgebauten Eckhäusern. Leider fiel der Erker des Schauspielhauses der Rekonstruktion 1993 zum Opfer.

Die fünfte Parallelstraße der Ostseite der Stadt, die Pfaffenstraße, hat eine sehr bewegte Vergangenheit. Das südwestliche Quartier, von der Stargarder – zur Behmenstraße, war das Quartier des mecklenburgischen Fürstenhofes. Hier residierte Fürst Heinrich, wenn er Neubrandenburg besuchte oder sich während eines Kriegszuges auf der Durchreise befand. Als im 16. Jahrhundert der Fürstenhof verfallen war, schenkten die Herzöge Ullrich und Johann Albrecht dieses Quartier ihren Untertanen Erasmus Behm und Joachim Holstein zur Nutzung.

1775 erkor Adolf Friedrich IV. Neubrandenburg zu seiner Sommerresidenz, und er ließ am Süd-Ost-Ende seinen Marstall und die Remisen für die Kutschen einrichten. Da er auf sein Hoftheater während seiner Aufenthalte in den Sommermonaten nicht verzichten wollte, kam es, nach der zeitweiligen Nutzung des »weißen Hauses«, 1793 zum Bau des Herzoglichen Comödienhauses. Nun hatte auch Neubrandenburg ein Theatergebäude. Es ist heute das Älteste in Mecklenburg. Adolf Friedrich erlebte wahrscheinlich keine Aufführung in dem neuen Gebäude, denn er starb 1794. Nach der Fertigstellung waren es durchreisende Schauspielergruppen, die hier zur Freude der Neubrandenburger Melpomene und Thalia huldigten. Schon 1797 erlebten die Zuschauer Schillers »Räuber«, Lessings »Emilia Galotti« oder Goldonis »Diener zweier Herren«. Nicht nur Klassisches gab es zu bewundern, man amüsierte sich vor allem bei Possen und Schwänken oder bei beliebten Stücken von Kotzbue, Iffland, Birch-Pfeiffer und anderen. Jede dieser Schauspielergesellschaften wurden euphorisch begrüßt. So lesen wir in der Neubrandenburger Zeitung vom 8. Dezember 1860: »Ein lang' gehegter Wunsch der Neubrandenburger ist endlich erfüllt worden: Thaliens Tempel ist wiedereröffnet, und ihre heiteren Diener und Dienerinnen bemühen sich wie freundliche Genien, uns die langen Abende zu kürzen. – Welch' ein willkommener Trost für uns Alle, die wir den kalten, langweiligen Winter herannahen sahen, ohne Hoffnung, daß ein glücklicher Zufall uns aus dem ewigen Einerlei herausreißen würde! Wir begrüßen daher Herrn Damcke und seine Gesellschaft, mit einem freudigen Willkommen und dem Wunsche, daß er sich in unseren Mauern heimisch fühlen möge.« Aufgeführt wurden unter anderem Lortzings »Zar und Zimmermann«, Aubers »Maurer und Schlosser«, Kleists »Käthchen von Heilbronn« sowie verschiedene Possen und Schwänke.

1870/71 wurde der Musentempel zum Lazarett umfunktioniert, und danach fanden nur noch wenige Theateraufführungen statt.

1894, einhundert Jahre nach der Einweihung als Theater, hatte Dr. Ludwig Mercker das Gebäude erworben, um eine Anstalt für Bewegungskuren einzurichten. 38 Maschinen für Bewegungstherapien wurden aus der Zanderschen Fabrik Stockholm geliefert, von denen man 10 mit Hilfe eines Gasmotors betrieb, die anderen waren durch die Muskelkraft der Patienten zu betätigen. Damit war die am 1. Dezember 1894 eröffnete »Medico-mechanische Anstalt« des Dr. Mercker einmalig in Mecklenburg. Krankenhauspatienten waren im in unmittelbarer Nähe liegenden Krankenhaus untergebracht, Privatpatienten logierten im 1895 gegründeten Kurhaus Augustabad oder in anderen Pensionen der Stadt. Es brauchte genau weitere einhundert Jahre, ehe die Schauspieler des Neubrandenburger Kammertheaters in diesem Gebäude wieder die Bretter betraten, die die Welt bedeuten.

Das Haus, dessen Bewohner der Straße den Namen gaben, lag auf der Nordseite, nahe der Mauer. Es war das Kalandshaus. Diese geistliche Bruderschaft, die ihren Namen von dem römischen Calendis – erster Tag des Monats bzw. auch der Tag der Schuldner – war schon zu Beginn des 14. Jahrhunderts nach Neubrandenburg gekommen. Ungewöhnlich an den Kalandsbrüdern war, daß sie nicht nur Laienbrüder aufnahmen, sondern auch weibliche Laien konnten Mitglied werden.

Die Kalandsbrüder fühlten sich für das Seelenheil ihrer Mitglieder verantwortlich. Geringes Wissen der Menschen und Aberglaube brachten dieser geistlichen Stiftung einen regen Zulauf, denn man wollte sein Leben nach dem Tode nicht im Fegefeuer der Hölle verbringen. So liest sich die Liste der Laien fast wie ein Bürgerbuch der Stadt und ein Kalender des Landadels der Umgebung. Das brachte den Brüdern erhebliche Mittel, die sie als Schenkung zu Lebzeiten oder per Legat vereinnahmten.

Während anfangs das Leichenbegängnis, Gebete und Seelenmessen die Hauptrolle bei der Betätigung der Kalandsbrüder spielten, nahmen später die Leichenschmäuse die zentrale Stelle ein. Über mehrere Gänge wurden erlesene Speisen serviert, dazwischen las man Messen, gedachte der Toten und schloß sie in das Gebet ein. Der allgemeine Sittenverfall innerhalb des Katholizismus am Ende des 15. Jahrhunderts führte auch zum moralischen Niedergang der Kalandsbrüder. Die Menge der geistigen Getränke bei den Totenmahlen nahm zu, so daß diese Feiern mehr einem »Fell versaufen« glichen als geistlichen Handlungen. Das Kalandshaus verkam immer mehr zu einer Gastwirtschaft zum »Fröhlichen Mönch« und wurde ein beliebter Aufenthaltsort für Landgeistliche.

So verwundert es nicht, daß der Volksmund die Beschäftigung der »frommen Brüder« mit dem Spruch: »Sie kalenderten die ganze Woche« charakterisierte. Im Visitationsprotokoll vom Jahre 1546 wurde der Neubrandenburger Kaland als säkularisiert angegeben. Der Besitz war eingezogen, den beiden noch lebenden Kalandsbrüdern eine Leibrente von 10 Flor zugebilligt. Das eingezogene Vermögen verwendete die Stadt zur Erhaltung der Mauer und zur Unterstützung der Schule, so hatte sie die Einbehaltung der Mittel begründet.

Ob das Kalandshaus verfiel oder abbrannte, ist nicht überliefert, jedoch schon zu Beginn des 17. Jahrhunderts war der Standort desselben nicht mehr bekannt. Als 440 Jahre nach der Säkularisation das Quartier Pfaffenstraße – Behmenstraße – Neutorstraße – IV. Ringstraße zum Teil eine Neubebauung erhielt, wurde ein Begräbnisplatz mit regelmäßigen Sargbestattungen und ein Brunnen freigelegt. Beide Befunde weisen auf den Standort der Wirkungsstätte dieser Bruderschaft hin. So kann Geschichte wieder ans Tageslicht kommen.

Am Morgen des 25. August 1856 schritt der 19jährige Buchdruckergehilfe Wilhelm Greve durch das Treptower Tor. Er war 5 Fuß und 9 Zoll groß und von schlanker Statur, so steht es in seinem Wanderbuch. Bei einem Neubrandenburger Buchdrucker hatte er gerade seine Lehre beendet. Nun nahm er den Wanderstock, um sich in der Welt umzusehen, sich in seinem Beruf zu vervollkommnen. Damit hatte Neubrandenburg nur noch 6 765 Einwohner. Nach vier Tagen erreichte er Schwerin und am 2. September kam er in Hamburg an. In seinem Tagebuch steht: »Daselbst lief ich den ganzen Tag umher und besah alle Merkwürdigkeiten unter andern das Wachsfigurenkabinett und die sehenswertesten Kirchen, Jungfernstieg, den Hafen, Sanct Pauli etc. Das Straßenleben in der Hansestadt Hamburg gleicht einem Jahrmarkte. Stets und ständig sind die Straßen belebt und es ist spaßhaft, die verschiedenen Straßenverkäufer anzuhören, welche mit mir unverständlichen Worten durch die Straßen gingen und ihre Waaren anpriesen. In St. Pauli sah ich auch wieder das Puppenspiel, welches früher in Mecklenburg Mode war, nämlich der Hanswurst und der Herr, alles in plattdeutscher Mundart.«

Seine Wanderung führte ihn über Bremen, Hannover, Braunschweig, Halberstadt, Leipzig, Dresden, das Elbsandsteingebirge, Chemnitz, durch das Vogtland und Thüringen nach Frankfurt am Main. Er durchwanderte das Rheintal nach Holland und besuchte seinen Bruder in London, der sich dort als Büchsenmacher niedergelassen hatte. Zwei Jahre später, Anfang Oktober 1858, kam er wieder in Neubrandenburg an. Er hatte einiges von der Welt gesehen und in verschiedenen Druckereien seinen Lebensunterhalt verdient. Erlebnisse, wie die erste Eisenbahn- und Dampfschiffahrt, prägten diese Wanderschaft genauso wie die Einweihung des Goethe-Schiller-Denkmals in Weimar.

Nachdem er der Militärbehörde klar gemacht hatte, daß er für den Militärdienst untauglich sei, begab er sich im November 1858, diesmal durch das Stargarder Tor, auf seine zweite Wandertour in Richtung Berlin. Von dort ging es weiter über Dresden ins Böhmische. Im Sommer 1859 erreichte

Es sieht fast so aus, als ob in dem Haus Pfaffenstraße Nr. 14 um 1880 nur Frauen und Kinder gewohnt haben. 1895 zog hier die Grevesche Druckerei ein. Das verputzte Giebelhaus mit seinen aufgebrachten Fenstern und Balkonen war einmalig in Neubrandenburg.

Die Beguinenstraße hat ihren Namen von den frommen Schwestern, die in ihren Häusern Kranke und Altersschwache pflegten. Daß das Beguinenhaus in dieser Straße gestanden hat, ist nicht nachzuweisen. Jedoch taucht er schon 1346 in einer Urkunde als platea beguinae auf und ist damit der älteste Straßenname der Stadt.

er Wien. Hier arbeitete Wilhelm Greve bei verschiedenen Zeitungen als Drucker und Korrektor.
Im Mai 1862 teilt ihm sein Vater mit, daß der Buchdrucker Gentz, bei dem Wilhelm Greve seine Lehre absolvierte, die Druckerei aufgibt, und er die Möglichkeit hätte, sich in Neubrandenburg selbständig zu machen. Sofort begab sich Wilhelm Greve in seine Heimatstadt zurück, erwarb die Maschinen der Druckerei seines Lehrherren in der Krämerstraße und bittet die Großherzogliche Regierung um die Konzession zum Betrieb einer eigenen Druckerei. In seinem Schreiben heißt es: »Auf Befehl der hohen Landesregierung schicke ich ungesäumt beifolgende Zeugnisse ein, ... Einer hohen Landesregierung wird die politische Richtung der ‚Donau-Zeitung' nicht unbekannt sein; aus dem Posten, den ich seit mehreren Jahren mit Zufriedenheit von Seiten meiner Vorgesetzten versah, wird zur Genüge erhellen, daß ich zur Führung eines kleinen Geschäftes befähigt sein werde. Ich könnte mich auch darüber ausweisen, beinahe ein Dutzend Sprachen ins Deutsche übersetzen zu können, und zwar die gebräuchlichsten Weltsprachen sogar ziemlich geläufig.«
Er erhält die Konzession zum Betrieb einer Druckerei. 1863 wird Wilhelm Greve Bürger Neubrandenburgs und zieht mit seiner Druckerei in die Pfaffenstraße 17. 1895 erwirbt er das Haus Pfaffenstraße 14. Über drei Generationen werden hier nun die verschiedensten Druckerzeugnisse hergestellt. Dabei war der Start nicht ganz so einfach, wie es sich darstellt. Wilhelm Greve, der drei Jahre bei der Zeitung gearbeitet hatte, sah für sich die Herausgabe eines Anzeigenblattes als eine sichere Existenzgrundlage. So schrieb und druckte er den »Anzeiger für Mecklenburg-Strelitz«, ohne jedoch dafür die Genehmigung der Herzoglichen Regierung zu haben. Diese Unbotmäßigkeit blieb nicht unentdeckt, zumal der Herausgeber des »Allgemeinen Mecklenburgischen Anzeiger« ebenfalls Neubrandenburger Drukker, hier einen Konkurrenten sah. Wilhelm Greve wußte sich aber zu helfen, er bekam in Jarmen, Pommern, eine Konzession und gab nun seinen Anzeiger dort heraus.
Erst 1869 durfte er sein Blatt als zweite Neubrandenburger Tageszeitung herausgeben. Außerdem druckte er Zinsquittungen, Obli-

Der Blick von der Pontanusstraße auf die Ostseite der Eisenbahnstraße zeigt das Einrichtungshaus Giesecke, die Post, die beiden Hotels »Zum Erbgroßherzog« und »Bahnhofshotel« sowie im Hintergrund einen Pfeiler des Eisenbahntores und den Bahnhof.

1937 wurde die Nord-Süd-Magistrale in Adolf-Hitler-Straße umbenannt. Der Blick vom herzoglichen Palais in Richtung Norden zeigt deutlich den Charakter als Geschäftsstraße.

Der Blick nach Süden mit der Rückseite des herzoglichen Palais läßt im Hintergrund das Stargarder Tor erahnen.

gationen, Prozeßvollmachten, Wechsel, Rechnungen, Fracht-, Lehr- und Gevatterbriefe, landwirtschaftliche Tabellen, Visitenkarten, Wein- und Waren-Etiketten. Er versuchte sich im Druck von Glückwunschkarten und Kalendern und versprach alle »Arbeiten im Fach von eleganter Ausführung und unter Zusicherung billiger Preise« anzufertigen. Die Druckerei florierte 125 Jahre, ohne das Reichtümer angehäuft wurden, sie war eine Neubrandenburger Institution. Erst der Sohn, später die zwei Enkel setzten das Unternehmen fort.
Am 31.12.1935 erschien der letzte »Anzeiger für Mecklenburg-Strelitz« (Mecklenburger Anzeiger). Den Nationalsozialisten reichte eine Zeitung für Neubrandenburg, und außerdem war das »Grevesche Blatt«, wie es die Neubrandenburger nannten, zu demokratisch.
Das »Greve-Haus« war immer eine kleine Attraktion in der Straße, denn es hatte als einziges in Neubrandenburg auf dem verputzten Giebel zum Teil nur aufgemalte Fenster, die mit einem Rahmen aus gespaltenen Weiden verziert waren. Auch zwei Balkone waren in dieser Form angedeutet. Bei der Rekonstruktion des Hauses 1994 verschwand leider diese Merkwürdigkeit.
Noch eine wichtige Einrichtung befand sich in der Pfaffenstraße. Nachdem die mittelalterlichen Hospitale im 18. Jahrhundert nicht mehr funktionierten, entstand hier eine kleine städtische Krankenstation. 1851 erwarb die Stadt Gebäude und Grundstück und errichtete das erweiterte Städtische Krankenhaus. Damit konnte eine wichtige medizinische Versorgung der Bürger erreicht werden.

Die Nord-Süd-Magistrale teilt die Stadt in zwei Hälften. 1864 bis 1935 führte sie die Namen Eisenbahn-, Palais- und Stargarder Straße. Sie war seit dem letzten Drittel des 19. Jahrhunderts die Hauptgeschäftsstraße. Nach dem Abbruch des alten Regelhauses, gegenüber dem Kloster, blieb dieser Platz viele Jahrzehnte unbebaut, bis 1836 der Bäcker Altschwager einen Teil dieses Grundstückes erwarb und seine Bäckerei errichtete. Er bot nicht nur Brot und Feingebäck an, sondern man konnte in seinem Haus auch Herberge nehmen. 1847 hatte er ein Problem und wandte sich deshalb mit

Die Stargarder Straße ging von der Turmstraße bis zum Stargarder Tor. Carl Horn hatte nicht nur eine Buch- und Papierhandlung, sondern einen kleinen Verlag. Hier erschienen u. a. Postkarten mit Scherenschnitten zu Fritz Reuters Werken. Daneben sehen wir das Nahmmachersche Modehaus. Das vorspringende Gebäude auf der rechten Seite beherbergte die Mecklenburger Depositen- und Wechselbank.

Der Blick vom Stargarder Tor in die Stargarder Straße zeigt uns auf der rechten Seite das Hotel »Fürstenhof« mit dem Fürstenkeller, in dem so manche fröhliche Runde tagte, die für Gesprächsstoff in Neubrandenburg sorgte.

einer Bitte an den Großherzog. In seinem Brief schildert Altschwager seine wirtschaftliche Situation. Er betont, daß sich die Kultur in der Stadt verfeinert habe und jeder diesem Rechnung tragen muß, damit er weiterhin einen guten Nahrungsstand erlangt. Auch er habe sein Lokal mit Eleganz ausgestattet, aber die Konkurrenz sei ihm in puncto Werbung voraus. »Um nun aber auch,« so schrieb er, »wie andere meiner Standesgenossen bei ihren Gasthäusern, das reisende Publikum durch ein entsprechendes Aushängeschild,- als durch ein einfaches Bäckerschild-, auf meinen Gasthof aufmerksam zu machen, so wünschte ich denselben ‚Zum Erbgroßherzog' nennen zu dürfen.« Der Großherzog unterstützte gnädigst den wirtschaftlichen Aufschwung des Bäckers Altschwager und genehmigte. Nur 20 Jahre später hatte er die Konkurrenz als Nachbar, denn das Bahnhofshotel hatte sich unmittelbar neben ihm etabliert. 1885 wurde auf dem Gelände der ehemaligen neuen Regel das Kaiserliche Postamt errichtet, in dem auch das Telegrafenamt untergebracht war. Nun hatte Neubrandenburg ein modernes Ohr in die Welt. Das Einrichtungshaus Giesecke, neben dem Postgebäude, war erstes Haus am Platz, was Wohnungseinrichtungen betraf. Viele Jungvermählte, aber besonders die Gutsherrschaften der Umgebung, ließen sich von dem renommierten Geschäft ihre Wohnräume gestalten. Daß zu solcher Einrichtung für die Gebrüder Giesecke nicht nur Möbel, Teppiche und Gardinen gehörten, belegen die Kunstausstellungen, die sie in ihrem großen Verkaufssaal veranstalteten. Vor allem norddeutsche Künstler, wie Niemeyer-Holstein, Paul Holz, Marie Hager und die Neubrandenburger Maler, Bildhauer und Keramiker stellten in den 20er Jahren hier ihre Werke vor, sondern 1924 konnte man Grafiken von Käthe Kollwitz und anderen bedeutenden Künstlern erwerben. Schon 1923 kündigte Giesecke seine 50. Kunstausstellung an.

Das Grundstück Eisenbahnstraße 4/5 war der Anlaufpunkt für viele Musikliebhaber. Seit 1831 bauten hier die Gebrüder Roloff in der Roloffschen Pianofortefabrik ihre weit über die Grenzen des Landes hinaus bekannten Instrumente. Heinrich Roloff hatte eine Instrumentenbauerlehre in Paris absolviert und übte als erster dieser Profession sein Handwerk in diesem Umfange in Mecklenburg aus. 1832 äußerte sich der großherzogliche Hofkapellmeister, Baron Mantai von Dittmer: »Äußere Eleganz und ein vorzüglicher Ton machen die Fabrikate des fleißigen und talentvollen Künstlers besonders empfehlenswerth, und stellen dieselben den besten Instrumenten des Auslandes zur Seite.«

Schon 1885, als der Begründer der Fabrik, Heinrich Roloff, starb, hatten mehr als 3 000 Instrumente die Neubrandenburger Einrichtung verlassen und sorgten in zahlreichen Konzertsälen der Welt für einen guten Ton, wie die Zeitung zu berichten wußte. Auch bei der Ankündigung der Vorhaben des Neubrandenburger Konzertvereins finden wir immer wieder, daß die Künstler auf einem Roloffschen Pianoforte ihre Meisterschaft vorführen.

1903 schloß die Fabrik ihre Pforten, sie konnte dem Druck der Konkurrenz aus Schwerin und Stettin nicht mehr standhalten, die ihre Instrumente billiger auf den Markt brachten. Noch heute ist aber in mancher gutbürgerlichen Stube ein Roloffsches Klavier in Nutzung.

Nach 1905 hatte der Goldschmied Gernreich das Haus Badstüberstraße 1 / Eisenbahnstraße von dem jüdischen Kaufmann Goldstaub erworben. Nach dem Umbau durch die Berliner Architekten Mohr und Weidner präsentierte sich das Gebäude mit einem Jugendstilerker und wurde so zu einem Blickfang in dieser Straße. Manches angehende Brautpaar wird hier seine Trauringe erworben haben, denn der Schmuck des Goldschmiedes Gernreich war Markenzeichen für künstlerische Qualität.

Die Palaisstraße wurde auf der Westseite durch die nicht sehr attraktive Rückfront des herzoglichen Palais dominiert. Das Eckgebäude zur Badstüberstraße hat eine sehr bewegte Vergangenheit. Bis 1810 war hier die herzogliche Küche untergebracht. Dann übergab es Herzog Carl der Stadt und stiftete die erste Mädchenschule für Neubrandenburg. 1895 bis 1920 erhielt die Städtische Kunstsammlung in diesem Haus Domizil. Kurzzeitig Wohn- und Geschäftshaus, zog 1926 die »Fritz-Reuter-Stuw« ein.

Im Haus Nr. 536, in der Stargarder Straße auf der Ostseite gegenüber der Marienkirche gelegen, nahm eine Geschichte ihren Anfang, die Neubrandenburg fast ein Jahrhundert in die Schlagzeilen brachte.

Dieses Grundstück bewohnte im 18. Jahrhundert die Familie des Goldschmiedes Sponholz, Mutter und drei Söhne, die einen

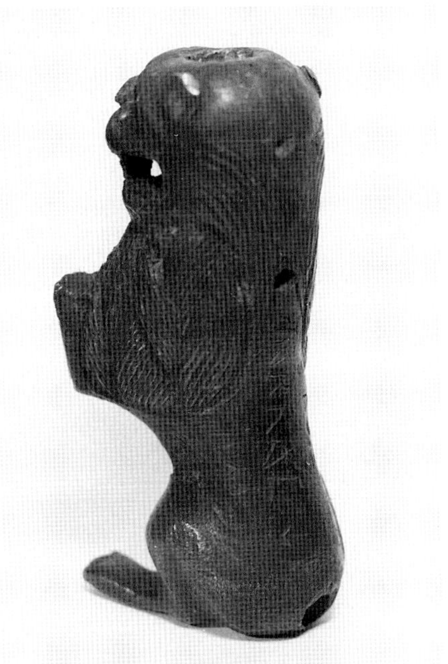

Mit dieser kleinen löwenähnlichen Figur begann die größte Geschichtsfälschung, mit der einige Neubrandenburger in die Annalen der Geschichte eingehen wollten.

Gideon Nathanael Sponholz (1745 – 1807), Pastell 1803, sorgte mit der Geschichte der »Prillwitzer Idole« über Jahrzehnte für Diskussionen in der Gelehrtenwelt.

nicht gerade guten Leumund in Neubrandenburg besaß.

Die zwei älteren Söhne, Jacob und Jonathan, betrieben die Profession ihres verstorbenen Vaters, der jüngste, Gideon, ging keinem Berufe nach. Er half der Mutter bei ihren, nicht immer ganz durchsichtigen Geschäften und sammelte Naturalien und Kuriositäten.

Es war die Zeit, in der viele Menschen intensiver nach ihren historischen Wurzeln suchten. Bei der Bestellung der Felder stießen Bauern immer wieder auf Zeugnisse der Vergangenheit, und die Gelehrten bemühten sich, Licht in das Dunkel der Geschichte zu bringen. Die alten schriftlichen Überlieferungen, aber auch Sagen und Legenden wurden dazu herangezogen. Man suchte Belege zur Existenz der Vorfahren. Das Interesse in Mecklenburg richtete sich besonders auf die Zeit, in der das Land von den Slawen besiedelt war, denn hier sah auch das Mecklenburger Herrscherhaus seine Ursprünge. Schon 1610 hatte Latomus, Lehrer an der Neubrandenburger Gelehrtenschule, auf die Geschichtsträchtigkeit des Gebietes um den Tollensesee hingewiesen.

Die wichtigste Rolle spielte dabei das Zentralheiligtum der slawischen Stämme in dieser Region, der Tempel von Rethra, das in den Chroniken des Adam von Bremen und Thietmar von Merseburg benannt war.

Der in Neubrandenburg lebende Landsyndikus Pistorius war ein besonders aktiver Geschichtsforscher. Er hatte sich mit den mecklenburgischen Adelsgeschlechtern und ihrer Herkunft befaßt. Als Rechtsberater hatte er enge Kontakte zur Familie Sponholz. Manches Gespräch drehte sich auch um das zerstörte oder untergegangene Rethra, zumal sagenumwobene Geschichten in der Region immer wieder erzählt wurden. Hausarzt der Familie Sponholz war der Doctor medicinae Hempel. Auch er war Sammler von Altertümern und Versteinerungen. Anfang des Jahres 1768 entdeckte er bei einem Hausbesuch bei Sponholz eine kleine löwenähnliche Figur, die mit merkwürdigen Zeichen versehen war.

Jacob Sponholz erklärte dem interessierten Arzt, daß diese Figur und andere durch Erbschaft in die Familie gekommen sei. Ein Vorfahre der Familie, Pastor in Prillwitz, habe sie auf dem Schloßberg daselbst ausgegraben (später wurde die Fundlegende in den Pfarrgarten verlegt). Hempel nahm die Figur mit, da Jacob Sponholz einem Verkauf nicht abgeneigt war, und begab sich damit zu Pistorius. Hier stellte man nach intensiver Untersuchung fest, daß die Zeichen eindeutig in Runenschrift unter anderem den Namen »Retra« erkennen ließen. Der Stargarder Präpositus Genzmer, ehemals Erzieher von Adolf Friedrich IV., bestätigte das Ergebnis der Untersuchung. Hempel hatte inzwischen weitere 35 Figuren von Sponholz erworben, und auf allen befanden sich Zeichen, die als Namen slawischer Götter identifiziert wurden, aber auch der Name Rethra taucht immer wieder auf.

Am 13. Februar 1768 erschien im »Hamburgischen unparteiischen Correspondenten« folgende Notiz: »Man kann zur Aufklärung der Historie, und anderer dahin einschlagenden Umstände, dem Publico folgende Nachricht nicht unangezeigt lassen: Bisher sind die Geschichtsschreiber sowohl wegen der Lage der ehemaligen Stadt Rhetra, als wegen der daselbst vorhandenen Götzen Radegast uneinig gewesen. Nunmehr aber lassen sich diese Verschiedenheiten deutlich bestimmen. Auf einem in Mecklenburg-Strelitzschen, hart an dem großem Tollensesee belegenem Guthe, ist auf einem hohen mit alten Graben versehenen Berge ein kupferner Grapen gefunden, und dem dortigen Geistlichen zugestellt worden.« Im »Altonaschen Merkur« nahm Genzmer kurze Zeit später die Beschreibung von 33 Figuren und Gegenständen vor. Erst im Februar 1769 entschloß man sich auch in der Mecklenburger Presse der Bevölkerung Mitteilung zu machen. In den »Gemeinnützigen Aufsätzen zu den Rostockschen Nachrichten« erschien ein umfangreicher Beitrag von Taddel. Noch nahm die deutsche Gelehrtenwelt von diesen Mitteilungen keine Notiz, aber aus dem kleinen Dorf Warlin bei Neubrandenburg meldete der dortige Pastor Sense Widerspruch an. Für ihn konnten die »kleinen Püppchen« nicht die schrecklichen wendischen Götzen sein, die in den Chroniken beschrieben waren.

Gegenbeiträge von Genzmer und Pistorius weckten nun das Interesse des Bruders des in Mecklenburg-Strelitz regierenden Herzogs, Prinz Carl von Mecklenburg. Er beauftragte den Hofmaler Daniel Woge die »obotritischen Alterthümer« in Ölfarbe abzubilden. Der Neustrelitzer Superintendent Masch verfaßte zu diesen Bildern, die nun auch in Kupfer gestochen wurden, ein bedeutendes Werk mit dem Titel: » Die gottesdienstlichen Alterthümer der Obotriten aus dem Tempel zu Rhetra, am Tollenzer See ...«, das 1771 in Berlin erschien. Nun nahm auch die Fachwelt in Deutschland Notiz von dem bedeutenden Fund. Allerdings regte sich auch gleichzeitig Widerspruch zu den Maschschen Thesen aus Halle und Brandenburg. Die Echtheit der Figuren wurde jedoch nicht angezweifelt.

Mit der Zeit tauchten weitere Figuren und Gegenstände aus dem »Sponholzschen Erbteil« auf. Gideon Sponholz erhielt von Herzog Adolf Friedrich IV. die Erlaubnis zum »Urnenstechen« und er fand auch ständig

Der Fangelturm am Ende der Darrenstraße war Jahrhunderte als Bürgergehorsam genutzt. Rechts sehen wir die 1898 eröffnete Kleinkinderbewahranstalt.

Neues auf der Feldmark der Familie. Als 1794 der polnische Graf und Weltenbummler Johann Potocki nach Neubrandenburg eilte, um hier seine Studien zur Geschichte der »slawischen Nation« vor Ort vorzunehmen, wurden ihm weitere rund einhundert Stücke »slawischer Götzen, Amulette, Runensteine und Gerätschaften« aus dem Erbteil präsentiert. Auch er legte ein umfangreiches Werk in französischer Sprache vor. Die ihm vorgelegten Gegenstände unterschieden sich von dem ersten Teil der Sammlung wesentlich. War die »Maschsche Sammlung« vor allem als Hohlgüsse angefertigt, bestand die neue aus Vollgüssen, die Runen waren nun nicht mehr eingeritzt, sondern mit gegossen, so daß die Figuren mehr einer Spekulatiusform entnommen glichen.

Als Herzog Carl 1794 an die Regierung kam, versuchte er die gesamte Sammlung zu erwerben, was ihm jedoch erst 1804, nachdem die Sponholzbrüder in wirtschaftlichen Schwierigkeiten kamen, gelang. Da ihm durch den Gelehrtenstreit Zweifel gekommen waren, ließ er von Prof. Rühs aus Greifswald eine Expertise zur Echtheit der »Idole« anfertigen. Prof. Rühs legte sich jedoch auch nicht fest. Merkwürdig war ihm jedoch erschienen, daß bei einem Gipsabguß die Patina in der Gipsform hängen blieb.

Franzosenzeit und Befreiungskriege ließen nun erst einmal die Diskussion um die »Prillwitzer Idole« ruhen. Aber Ende 1815 schrieb Jacob Grimm in einer Rezension folgenden bedeutsamen Satz: »Aus glaubwürdigem Munde hat Recensent (und Rostocker Gelehrte sollen mehr davon wissen), das im vorigen Jahrhundert ein Mecklenburgischer Goldschmiedt kleine Götzenbilder erfunden und gearbeitet habe.«

Das setzte die Diskussion wieder in Gang und auch Prof. Rühs schrieb in seiner Geschichte des Mittelalters, daß er große Zweifel an der Echtheit der »merkwürdigen Alterthümer« habe. Großherzog Georg, der seinem Vater inzwischen in der Regentschaft gefolgt war, beauftragte nun den Berliner Prof. Levezow mit einer neuen Untersuchung. Anfänglich von der Echtheit überzeugt, nahm er Einsprüche aus Rostock ernst und regte die Befragung lebender Zeugen an. Im September 1827 begannen die Befragungen der Goldschmiede Buttermann, Neumann und Völcker sowie der Bürger Boye und Wurm, alles ehemalige Angestellte bei den Sponholzbrüdern. Levezow hatte einen Fragenkatalog mit 83 Fragen erarbeitet, die nun von einer Großherzoglichen Kommission den Zeugen gestellt wurden. Die ersten Befragungen waren wenig ergiebig, aber bei einer zweiten schlug dem Goldschmied Neumann das Gewissen, er erklärte, daß er nach Tonmodellen des Neubrandenburger Töpfers Pohl Figuren und Gegenstände gegossen habe, und auch seine Aufgabe war, auf die verschiedenen Gegenstände Runen aufzupunzen. Im Abschlußbericht der Großherzoglichen Kommission hieß es: »Von Anfang an der Bekanntwerdung der hier bei der Großherzogl. Bibliothek jetzt aufbewahrten obotritischen Alterthümer, scheint ein Geist des Widerspruches gewaltet zu haben.« Nachdem Levezow sein gesamtes Material an den Mecklenburger Verein für Altertumskunde übergeben hatte, stellte Lisch noch einmal fest: »Man müsse, um der Wahrheit die Ehre zu geben, die Echtheit der angeblich gefundenen Idole, wenn auch mit Schmerz, aufgeben.«

Zwar versuchte Prof. Kollar aus Wien 1850 noch einmal die Bedeutung der »Prillwitzer Idole« in einem mehrbändigen Werk und ihre Echtheit zu beweisen, aber er starb darüber hin. Damit endete die größte Geschichtsfälschung, die ihren Anfang in der Stargarder Straße nahm.

Heute befinden sich die »Prillwitzer Idole« im Volkskundemuseum in Schwerin-Mueß.

In der Stargarder Straße Nr. 25, direkt neben dem Hotel »Fürstenhof«, lebte am Ende des vorigen Jahrhunderts bis zu seinem Tod 1917 der Pferdehändler Ludwig Sumpke. Geboren 1849 in Salow bei Friedland erlernte er das Schmiedehandwerk bei seinem Vater. Der Besuch der kleinen Dorfschule hatte das Lesen und Schreiben nicht zu seiner Sache machen könne, aber er hatte Pferdeverstand, wie man so sagt.

Er heiratete die Tochter des Neubrandenburger Pferdehändlers Wulff, seine Luise, und kam so zum Pferdehandel. Auf dem Neubrandenburger Pferdemarkt war er, seit er ins Geschäft gekommen war, der ungekrönte König und als Geschäftsmann nicht nur in Norddeutschland, sondern auch in Dänemark und Holland bekannt.

Er verkehrte mit den Gutsbesitzern, egal ob von Adel oder Bürgerlichen, mit den oberen Chargen des Heeres und selbst gekrönten Häuptern, blieb aber immer der Mecklenburger.

Luting sprach fast ausschließlich plattdeutsch. Hier kam Mutterwitz und »Bauernschläue« voll zum tragen. Mit seinem großen Freundeskreis traf er sich regelmäßig an den Stammtischen des Ratskellers, im Hotel Mosch oder im Fürstenkeller. So mancher derbe Spaß wurde ausgeheckt, der den Neubrandenburgern Anlaß gab, über Luting und seine Freunde zu schmunzeln.

Gustav Rühberg, Lehrer in Neubrandenburg, sammelte die Anekdoten und gab sie als Band 1 der Mecklenburger Originale im Verlag von Gustav Feller in Neubrandenburg heraus.

Hieraus eine kleine Kostprobe:

»Pastors Brauner

Wenn die Firma Ludwig Sumpke auch als

Der Blick in die Waagestraße zeigt auch den prächtigen Baumbestand am Marienkirchplatz.
Im 18. Jahrhundert war in der Waagestraße die neue Stadtwaage errichtet worden, auf deren Dachboden Herzog Adolf Friedrich IV. ursprünglich einen Theatersaal einbauen wollte, was die Stadtväter jedoch ablehnten.

durchaus gut und ehrlich bekannt war, so geschah es doch auch einmal, daß die Käufer ihm Pferde zurückbrachten. So hatte ein Landpastor ein Pferd von ihm gekauft, das auf dem einen Auge blind war.
Auf eine diesbezügliche Vorstellung bei Luting antwortete er:
‚Herr Pastur latens em doch, Katekismus sall hei jo nich studieren, un wat hei upp'n Henweg nich süht, dat süht hei upp'n Trügweg.'«
»Einzugsverbot
Der Großherzog wollte Neubrandenburg besuchen; eine Guirlande war deshalb über die Stargarder Straße gezogen mit einem Schild: ‚Willkommen unserem Landesherrn!'
Sumpke konnte das Schild von seiner Wohnung sehen. Nun diente dieses Schild zu gewöhnlichen Zeiten anderen Zwecken. Als Luting abends vom Ratskeller kam, ließ er es umhängen, und am Morgen des Einzugstages grüßte von der Guirlande herunter die Bekanntmachung:
‚Hier is de Mul- un Klabensük!'«
Aller guten Dinge sind drei.
»In der Unterwelt
War der Gang in den Fürstenhof manchmal ‚taum Argern', so bot Luting dieser Krug doch in der Regel viel Erheiterung. Wenn's nicht anders ging, dann wurde gewettet.
‚Zehn Flaschen Rotwein geb ich aus, wenn einer von uns sich im Speiseaufzug in die Küche befördern läßt', hatte ein Gast ausgerufen. ‚Zehn Flaschen Rotwein?' wiederholte ein übereifriger tollkühner Gast jüngeren Semesters, der noch nie einen guten Tropfen hatte umkommen lassen. ‚Das ist zu machen, wenn ihr euch verpflichtet, das Seil nicht durchzuschneiden oder ähnliche Sachen zu betreiben.' Das wurde alles zugesagt und sollte auch ehrlich von ihnen gehalten werden, was in der Folge auch geschah. Die Borden wurden herausgenommen und unser Held konnte verstaut werden. Der Fahrstuhl setzte sich in Bewegung, wurde aber unterwegs angehalten. Zum Zeichen, daß zehn Flaschen Rotwein nicht so leichten Kaufes verdient seien, sollte nun Wasser auf den Fahrstuhl gegossen werden, daß der Insasse glauben mußte, er sei auf dem Wege zum tiefsten Meeresgrund. Glücklicherweise wurden diese Ausschreitungen unterbunden, so daß es mit dem Naßwerden nicht schlimm wurde. Der Fall hatte aber die Folge, daß nun der Fahrstuhl des öfteren zu einigen Flaschen Wein verhelfen mußte.
Ein zweiter Gast, der mit ihm die Fahrt in die Küche anzutreten wagte, mußte unten erkennen, daß es unmöglich war, dort auszusteigen und flehte, ihn doch wieder aufwärts zu fahren. Das geschah aber erst, als er sich zu einer bestimmten Buße verpflichtete. Derartige Fälle sollen noch des öfteren vorgekommen sein.«
Begeben wir uns nun in die westliche Hälfte der Innenstadt.
Hier weisen die alten Straßennamen auf städtische und geistliche Einrichtungen, aber auch auf Handel und Handwerk hin.
In der Darrenstraße stand die Darre, eine wichtige städtische Einrichtung, die vor allem dem Trocknen des Hopfens, aber auch des Getreides und anderer landwirtschaftlicher Produkte diente. Sie scheint für alle Bürger kostenlos zu nutzen gewesen sein, denn im Konkursverfahren 1665/71, als die Stadt nach dem 30jährigen Krieg alle städtischen Güter und Einrichtungen auf mindestens zwanzig Jahre verpfänden mußte, um die Schulden, die durch die tributfordernden durchziehenden Truppen entstanden waren, zu bezahlen, ist sie nicht aufgeführt. Seit dem 18. Jahrhundert befand sich das alte Spritzenhaus in diesem Gebäude.
1898 finden wir in der Darrenstraße die Kleinkinderbewahranstalt (heute Kindertagesstätte), eine Stiftung, die es arbeitenden Frauen ermöglichte, ihre Kinder tagsüber in Pflege zu geben. Schon seit Beginn des 19. Jahrhunderts waren mehrere Versuche, solch eine Einrichtung zu schaffen, nur über kurze Zeiträume erfolgreich, da ein geeignetes Gebäude fehlte. Nun stellte die Stadt das Grundstück am Ende der Darrenstraße, das früher zum Kloster gehörte und mit der Reformation in städtischen Besitz gekommen war, zur Verfügung. Spenden und ein zinsloses Darlehen der städtischen Sparkasse ermöglichten den Bau dieses imposanten Gebäudes, das sich seitdem mit dem fröhlichen Lärm der spielenden Kinder füllte.
Die Stadtwaage war nicht nur eine Einnahmequelle für die Stadt, sondern ein gewichtiges Instrument und Institution bis ins 19. Jahrhundert. Hier wurden die Handelsprodukte gewogen und für Zoll und Steuern versandfertig gemacht. Die Stadtwaage hatte die geeichten Maße und Gewichte, die regelmäßig überprüft wurden, um Käufer und Händler vor Schaden zu bewahren. Der Pächter konnte mit seinen Einnahmen durchaus seine Existenz erhalten. Für eine jährliche Pacht von 50 Flor wurden die Ein-

nahmen bei der Verpfändung 1671 auf immerhin 1000 Flor Kapital gesetzt. Als am Ende des 18. Jahrhunderts der Hopfenanbau in Neubrandenburg zurückging, bat der Pächter der Waage um eine Verringerung der Pacht, der der Magistrat auch zustimmte. Mit der Abschaffung der Stadtwaage im letzten Drittel des 19. Jahrhunderts, diente das Gebäude als Speicher, bevor es zum Wohnhaus umgebaut wurde.

Die Treptower Straße war mit dem Ausbau der Stadt eine der wichtigsten Hauptverkehrsstraßen. So ist es nicht verwunderlich, daß sich hier bedeutende Geschäfts- und Produktionsniederlassungen befanden.

Als im Jahre 1783 der Ratskellermeister Kunst sein Vermögen durch Anlegen zu vermehren gedachte, gründete er die Neubrandenburger Spielkartenfabrik. Er stellte einen Kartenmacher aus Preußen ein und beförderte so unmittelbar das Spiel mit des »Teufels Gebetsbuch« in Neubrandenburg und Umgebung und sicherlich auch in seinem Ratskeller. Im Haus Nr. 359 nannte Kunst eine Weinhandlung sein Eigen, so daß die »Fabrik« im Innenquartier eingerichtet werden konnte. Der Kartenmacher und zwei Gehilfen druckten nun »Französische und deutsche Spielkarten, Tarrokkarten sowie Frage- und Antwortspiele« wie es in einem Bericht in der »Neuen Monatsschrift von und für Mecklenburg« 1792 hieß. 1805 gab Kunst seine Stellung in Neubrandenburg auf und wurde Direktor des Zucht-, Werk- und Arbeitshauses in Alt-Strelitz. Er veräußerte die Fabrik und nach mehrfachem Besitzerwechsel wurde sie 1837 von dem Kupferdrucker Waschow aus Stralsund übernommen. Carl Waschow war ein hervorragender Kupferstecher und er machte die Neubrandenburger Spielkartenfabrik weit über die Landesgrenzen hinaus bekannt. Nach seinem Tod übernahm sein Schwiegersohn Martin Born die Fabrik. Mit Einführung der Reichsspielkartensteuer, Mecklenburg-Strelitz war bis dahin steuerfrei, wurden die Verkaufsbedingungen für Born immer schwieriger. Er ist nun nicht mehr in der Lage, die billigen Preise der Konkurrenten zu unterbieten. 1878 gibt er seine Produktion auf und verkauft mit Hilfe eines Bauchladens seine Restbestände als Hausierhändler und Neubrandenburger Original. So enden 95 Jahre Spielkartenproduktion in Neubrandenburg. Erhalten haben sich zwei Spiele in der Sammlung der Yale University in New Haven, USA.

Am 8. August 1844 wurde dem Physikus Dr. Funk, der in der Treptower Straße Nr. 366 wohnte, ein Sohn geboren, der auf den Vornamen Bernhard getauft wurde. Nach dem Besuch des Gymnasiums trat dieser in die Fußstapfen des Vaters und studierte Medizin. Im Deutsch-Französischen Krieg 1870/71 waren die Verwundeten seine ersten Patienten. Anschließend nahm er eine Stellung als Schiffsarzt an, um Ende der 70er Jahre eine Anstellung beim Handelshaus Godeffroy in Apia, Samoa, zu erhalten. Dort war er bis kurz vor seinem Tod als Arzt tätig. Er ehelichte eine einheimische Häuptlingstochter und integrierte sich so in die Inselbevölkerung. Trotzdem verlor er nie die Bindung an seine Geburtsstadt. Das Museum bewahrt heute noch eine umfangreiche Sammlung völkerkundlicher Gegenstände der Südsee, die Dr. Bernhard Funk seiner Heimatstadt übergab. So kam ein kleines Stück Südsee in die Treptower Straße.

Etwas kurios ist eine andere Geschichte aus dieser Straße. 1887 hatte die Firma Karstadt ihre erste Niederlassung im Haus Nr. 363 eingerichtet. Zur Werbung war ein Schild

Der Treff-(Kreuz)Bube aus dem von Carl Waschow in Neubrandenburg gedruckten Mecklenburger Spiel.

Der Blick in die Treptower Straße in Richtung Treptower Tor weist sie als Geschäftsstraße aus. Auf der linken Seite befand sich neben dem Hotel Mosch 95 Jahre die Neubrandenburger Spielkartenfabrik.

Das Eckhaus auf der Nordseite Treptower Straße/Markt brannte 1907 ab und wurde in der hier zu sehenden Jugendstilform wiederaufgebaut. Es war das Kolonialwarengeschäft des Kaufmanns Stegemann.

Von der Neutorstraße geht der Blick über den Marienkirchplatz zur kleinen Wollweberstraße. Das Eckhaus zur Stargarder Straße war früher das Geschäft des Kaufmanns Carl Nahmmacher jun., Hoflieferant des Herzogs. Er bezeichnete sein Geschäft als Lager aller Arten Herren-Artikel, von Goldwaren, Uhren, auch Fabrik und Lager fertiger Herrenwäsche.

angebracht worden, das auf das Geschäft aufmerksam machen sollte. Nun gab es für derartige Beschilderungen eine vom Magistrat herausgegebene Satzung, denn der Bürgersteig gehörte zur Stadtfreiheit. Das Schild durfte demzufolge nicht mehr als 50 cm herausragen. Eine Kontrolle des Karstadtschen Schildes ergab, daß es etwa 80 – 100 cm auslegte. So kam, was kommen mußte, die Stadt forderte das Geschäft auf, das Schild entsprechend zu kürzen bzw. abzunehmen. Die Bitte der Firma, ihr Werbeschild in der angebrachten Größe belassen zu dürfen, da man kein Geld habe, ein kleineres anfertigen zu lassen, wurde im Februar 1888 barsch abgelehnt. Ob man deshalb 1927 sich mit dem Betonklotz in der Innenstadt rächen wollte? Jetzt hatte der Kaufhauskonzern Karstadt sicher genügend Geld, um Proteste des Magistrats und der Bürgerschaft zu umgehen.

Zwei Wollweberstraßen, die Kleine und Große, belegen, daß das Gewerk der Tuchmacher eine bedeutende Rolle im Leben der Stadt spielte. Im Mittelalter sollen bis zu 150 Meister dieser Zunft in Neubrandenburg gewirkt haben, was jedoch nicht nachzuweisen ist, da die schriftlichen Quellen vernichtet sind. Die Tuchmacher waren aber seit der Stadtgründung eine der vier, später acht Hauptzünfte, die als Bürgerrepräsentanten die Rechte der Bürger gegenüber dem Rat vertraten und hielten diesen Status bis zur Aufhebung der Zunftordnung.

Da die Betreiber des Gewerbes sicher nicht ganz »unbetucht« waren, ist anzunehmen, daß diese beiden Straßen schon im Mittelalter recht gut ausgebaut waren.

Stadtbrände und der Niedergang der Zunft durch im Ausland effektiver produzierende Manufakturen, zogen auch die beiden Wollweberstraßen arg in Mitleidenschaft. Sowohl der Stadtbrand von 1676 als auch der von 1737 legte jeweils viele der Gebäude in Schutt und Asche. So waren nur noch die Häuser in der Nähe des Marienkirchplatzes, wie die Pfarrhäuser in der Großen Wollweberstraße oder das Hahnsche Palais, später Bürgermeister Brücknersche Haus, größere und bedeutendere Bauten. Ansonsten wurden die Grundstücke beim Neuaufbau verkleinert und mit bescheidenen Fachwerkhäusern von kleinen Handwerkern oder sogar Tagelöhnern bebaut.

Das Hahnsche Palais war zeitweilig der Wohnsitz des Grafen Karl Friedrich von

In der Kleinen Wollweberstraße, Nordseite stand das Haus des Bürgermeisters Brückner, bekannt auch als Hahnsches Palais, denn hier lebte eine Zeit der bekannte Theatergraf Hahn und seine Tochter Ida Hahn-Hahn, Verfasserin zahlreicher Romane. Im ersten Weltkrieg war in Neubrandenburg eine Genesungskompagnie stationiert, zu deren Besten auch Wohltätigkeitsveranstaltungen gegeben wurden. Auf dem Foto sehen wir Angehörige derselben mit den »wohltätigen Damen« der Stadt.

Ernst Boll (1817 – 1868) war eine der bedeutendsten Persönlichkeiten Neubrandenburgs. Nach seinem Theologiestudium widmete er sich als Privatgelehrter der Natur- und Kulturgeschichte Mecklenburgs. Mit zahlreichen Publikationen initiierte er den Zusammenschluß der zahlreichen Wissenschaftler und Laienforscher in Mecklenburg. Bis zu seinem Tode gab er zwanzig Jahre das »Archiv der Freunde der Naturgeschichte« heraus, das in ganz Europa ein breites Echo fand.

Die große Wollweberstraße, bis zum 18. Jahrhundert das Domizil der bedeutendsten Zunft Neubrandenburgs, der Tuchmacher, war später vor allem von kleinen Handwerkern bewohnt, die hinter den bescheidenen Fachwerkhäusern ihre Werkstätten hatten. Auf der Südseite der Straße waren die Pastorenhäuser, Geburts- und Wohnhäuser bekannter Neubrandenburger Persönlichkeiten.

Hahn, der Theatergraf und Vater der Vielschreiberin Ida von Hahn-Hahn. Der Theatergraf gründete auch in Neubrandenburg eine kleine Schauspielergesellschaft und sorgte vor allem durch seine Eskapaden für Gesprächsstoff im kleinbürgerlichen Neubrandenburg. So beschwerte man sich beim Magistrat über die »wilden Kutsch- und Schlittenfahrten des Herrn Grafen und seiner Gesellschaft in trunkenem Zustand um den Marienplatz«.

In den Pfarrhäusern der Großen Wollweberstraße wohnte mancher verdienstvolle Geistliche, wurden bedeutende Söhne der Stadt geboren oder verbrachten hier ihre Kindheit.

Ob Erasmus Alberus (um 1500 – 1553), der große Reformator und Freund Martin Luthers in einem der Häuser wohnte, ist nicht nachvollziehbar. Leider war er bei den Neubrandenburgern nicht beliebt, da er ihnen vom Herzog vorgesetzt war. Die Schuster weigerten sich, seine Schuhe zu reparieren und die Fischer verkauften ihm nur gammeligen Fisch. So ärgerte er sich hier zu Tode. Nun schlug den Neubrandenburgern das Gewissen, und sie versuchten durch ein feierliches Begräbnis in der Marienkirche, Abbitte zu leisten. Ihm zu Ehren ließen sie dann drei Jahre nach seinem Tod, 1556, sein letztes Werk »Widder die verfluchte lere der Carlstader ...« als erstes in Neubrandenburg erschienenes Buch drucken.

1789 bezog Ernst Theodor Johann Brückner (1746 – 1805) seine Pfarrwohnung. Er, der Dichter des Göttinger Hainbundes und enger Freund von Johann Heinrich Voß, war durch seine tolerante Haltung und seine moralischen Hauspredigten, die in fünf Bänden erschienen, eine bedeutende Persönlichkeit der Aufklärung in Mecklenburg. Er geriet leider sehr früh in Vergessenheit, seine Predigten wurden noch fünfzig Jahre nach seinem Tod auf den index liborum

Franz Boll (1805 – 1875), älterer Bruder Ernst Bolls, war nicht nur ein guter Hirte seiner Gemeinde, sondern auch der Chronist der Stadt und des Landes Stargard. Seine bis heute wichtigste Chronik der Vorderstadt fand aber erst nach seinem Tode Öffentlichkeit, sie wurde von seinem Sohn, der Professor in Rom war, 1875 publiziert.

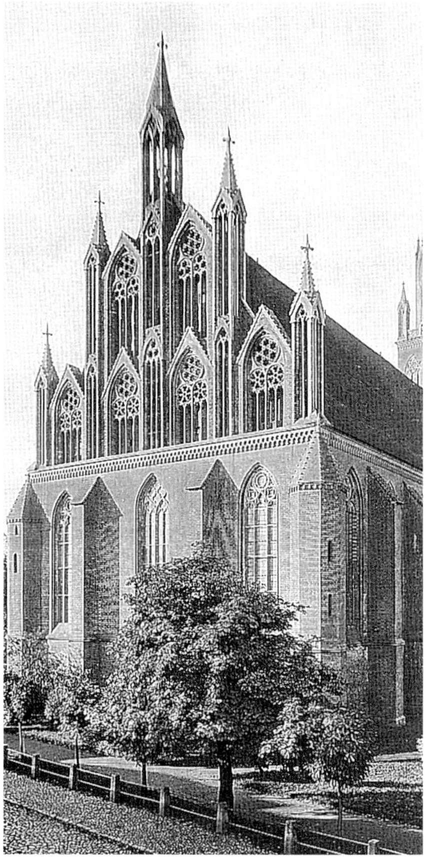

Der Ostgiebel der Marienkirche ist in seiner Bedeutung einmalig. Das filigrane hochgotische Maßwerk in Backstein wurde zum Vorbild für weitere Kirchenbauten in Norddeutschland, aber auch für manchen Profanbau.

Das Mittelschiff der Marienkirche mit Blick auf die Orgel verdeutlicht die gewaltige Raumhöhe verstärkt durch aufstrebende Pfeiler und Gewölbe. Nach der Restaurierung durch F. W. Buttel ist sie in ihrer Ausstattung sehr schlicht und ohne wesentliches Zierwerk gehalten.

Mit der Restaurierung im 19. Jahrhundert wurde auch die Bebauung des Marienkirchplatzes beseitigt und es erfolgte eine parkähnliche Gestaltung. Nach 36jähriger Liegezeit konnte das Denkmal für Franz Christian Boll (1775 – 1818) auf der Südseite der Kirche aufgestellt werden.

Die Kirchenfenster, die bei der Restaurierung 1832 – 1841 zum Teil erneuert wurden, waren meist aus Spenden Neubrandenburger Bürger finanziert worden. Das den Drachentöter St. Georg darstellende war eine Stiftung der Familie Siemerling.

durch die mecklenburgische Kirchenleitung gesetzt.
Im Schnittgerinne vor den Pfarrhäusern baute der kleine Ernst Alban (1791 – 1856), Sohn des Pastors Samuel Alban, kleine Mühlen, die er durch das rinnende Abwasser antrieb. So ist es nicht verwunderlich, daß er sich nach einem abgebrochenen Theologiestudium und bestandenen Medizinerexamen doch noch nach kurzer Praxiszeit als Arzt in Rostock dem Maschinenbau verschrieb. Nach einem zweijährigen Aufenthalt in England errichtet er 1829 die erste Maschinenbauanstalt Mecklenburgs in Klein Wehnendorf, später arbeitete er in Güstrow und Plau. Er baute Hochdruckdampfmaschinen und erfand nützliche Geräte für die Landwirtschaft. Die von ihm konstruierte und gefertigte breitwürfige Sämaschine war eine Revolution bei der Bestellung der Felder. Sie brachte nicht nur Arbeitserleichterung, sondern vor allem Einsparung an Saatgut und eine Steigerung der Erträge.
Sein Bruder Wilhelm zog als Primaner in den Befreiungskrieg gegen Napoleon und schlug sich tapfer bei der Beseitigung der Fremdherrschaft.
Die Söhne des Pastors Franz Christian Boll (1775 – 1818), dem die Neubrandenburger ein gewaltiges Denkmal nach einem Entwurf von Caspar David Friedrich (1774 – 1840) auf dem Marienkirchplatz setzten, schärften nicht nur den Neubrandenburgern den Blick für Geschichte und Natur ihrer Heimat. Franz Boll (1805 – 1875), der Ältere, begann seine Geschichtsstudien mit den Quellen zur Geschichte des Landes Stargard von den Anfängen bis zum 15. Jahrhundert. Zwischenzeitliche Studien zur Kirchen- und Heiligengeschichte ließen jedoch sein Interesse an der Historie des Landes nicht schwinden. Er ist selbst aktiv bei der archäologischen Untersuchung verschiedener Altertümer, so in der altslawischen Burganlage Ravensburg bei Neubrandenburg, in Ihlenfeld, auf den Inseln im Tollensesee und der Lieps. Intensiv betreibt er die Quellensammlung zur Geschichte des Klosters Broda und der Stadt Neubrandenburg. 1783 war eine Chronik der Vorderstadt Neubrandenburg von Baron von Hacke auf Biltzingsleben herausgegeben worden. Franz Boll unterzog sie einer historisch-kritischen Wertung und schrieb seine eigene »Chronik der Vorderstadt Neubrandenburg«, die kurz nach seinem Tod erschien.
Ernst Boll (1817 – 1868) schlug nach Abschluß des Theologiestudiums nicht wie sein Bruder die geistliche Laufbahn ein, die sowohl sein instabiler Gesundheitszustand als auch seine persönliche Neigung nicht zuließ. Er wandte sich zuerst, angeregt durch seinen Onkel, Medizinalrat Brückner – Ludwigslust, der Geologie zu und verfaßte seine »Geognosie zwischen Eider und Oder«. Umfangreiche botanische Studien brachten als Ergebnis die »Flora Meklenburgs«. 1847 gründete er mit Gleichgesinnten den »Verein der Freunde der Naturgeschichte Meklenburgs«. Bis zu seinem Tod war er Sekretär des Vereins und Herausgeber der Jahresschrift desselben.
Da Ernst Boll Natur- und Menschheitsgeschichte nicht trennte, war es nur folgerichtig, daß er sich der Geschichte Mecklenburgs annahm. So entstand sein Hauptwerk »Die Geschichte Meklenburgs unter besonderer Berücksichtigung der Culturgeschichte«. Ein Werk mit 1200 Seiten, das heute noch für jeden Historiker, der sich mit der Geschichte des Landes beschäftigt, unentbehrlich ist. So ist Ernst Boll einer der universellsten Gelehrten Mecklenburgs.
Ein Gebäude von etwas größerem Ausmaß in der Großen Wollweberstraße befand sich auf der Nordseite. Seit dem 7. November 1877 war dieses Haus eine weit über die Stadtgrenzen hinaus bekannte Adresse, sie hatte sich eigentlich sogar im Ausland, d. h. außerhalb von Mecklenburg-Strelitz, herumgesprochen. An diesem Tag wurde die Neubrandenburger »Herberge zur Heimat« eröffnet.
Wandernde Handwerksburschen hatten oft Probleme, auf ihrer Wanderschaft ein ansprechendes und preiswertes Quartier zu finden. Damit war der Weg für diese soziale Einrichtung frei, war es Nächstenliebe, die dazu führte, entsprechende Einrichtungen zu schaffen. Bonn machte 1854 den Anfang.
Das aus dem 18. Jahrhundert stammende Gebäude war das Wohn- und Geschäftshaus des Gerichtssekretärs Hahn, der später als selbständiger Advokat arbeitete. In diesem Haus wurde so mancher Konkurs verhandelt und mancher Nachlaß versteigert. Einige Jahre nach seinem Tod, er starb 1864, erwarb die Stadt das Gebäude.
In den ersten 50 Jahren des Bestehens erhielten 279 669 Wanderburschen Obdach und Schutz in diesem Hause. In den nächsten Jahren soll die Städtische Kunstsammlung hier eine neue Heimstatt finden.
Ihre wirtschaftliche Grundlage erhielt die Stadt mit der Gründungsurkunde, Land für den Nahrungserwerb. Aber wie war es mit der geistlichen Betreuung?
Die »witten Herren« des Prämonstratenser-Klosters Broda waren schon einige Jahre vor den Stadtgründern am Nord-West-Ende des Tollensesees aktiv geworden, wenn auch erst 70 Jahre nach der Stiftung durch den Pommernfürsten Kasimir an das Havelberger Domkapitel. Sie besahen etwas argwöhnisch die Neusiedler, denn sie hatten die Urkunde von 1170, die ihnen die slawischen Dörfer auf der Westseite des Sees als Pfründe bestätigte, um einige Orte am Nordende und auf der Ostseite des Sees erweitert. Sie waren des Schreibens ja kundig, und diejenigen, die die Urkunde ausgefertigt hatten, lebten nicht mehr. Nun bangten sie einerseits um »ihren Besitz«, andererseits sahen sie aber in der geistlichen Betreuung der Neubürger eine weitere Einnahmequelle, denn sie erhielten das kirchliche Patronat über die Marienkirche.
Mit den ersten Siedlern kamen auch die Franziskanermönche. Dieser 1219 gebildete Orden wollte vor allem Ungläubige bekehren oder in dienender Liebe das Volk zur Buße und zum Frieden mahnen. Diese Barfüßer- oder Bettelmönche, wie sie auch genannt wurden, erbauten ihr Kloster im Norden der Stadtanlage innerhalb der Palisade, die im 14. Jahrhundert durch die Ringmauer ersetzt wurde. Bereits 1287 tagte in diesem Kloster das Provinzialkapitel der sächsischen Franziskaner. 1355 bestätigte Herzog Johann I. von Mecklenburg-Stargard die Fundationsprivilegien den Mönchen, da nach zwei Bränden die alten Urkunden vernichtet waren.
Mit dem Kloster verbunden war ein Beguinenhaus, das sich später verselbständigte. 1435 errichteten die Mönche ein Siechenhaus, die sogenannte Regel. Die frommen Schwestern (wir finden verschiedene Schreibweisen, wie Beginen, Beghinen, Begeynen u. a.) widmeten sich besonders der Kranken- und Armenpflege. Ihnen verdankt Neubrandenburg seinen ersten urkundlich belegten Straßennamen, denn in der platea beguinarum lag ein Hof des Otto von Dewitz, wie einer Urkunde von 1347 zu entnehmen ist.
Die Reformation brachte auch für das Franziskanerkloster das Ende. Schon mit den ersten reformatorischen Predigten in Neubrandenburg, die von Augustinermönchen aus Anklam ausgingen, verließen die ersten Mönche das hiesige Kloster und heirateten. Im Visitationsprotokoll von 1552 heißt es, daß der Besitz des Klosters aus 11 Gärten, 7 Häusern, einer Wiese und einem Hof bestand. Das jährliche Einkommen wurde auf 200 Gulden geschätzt. Im Kloster war nur

noch ein Mönch, namens Klaus Schutte, anwesend. Er war schon über 60 Jahre alt, und als ein Spital für Arme und Kranke eingerichtet wurde, übernahm er, nachdem er schlechtem Lebenswandel abgeschworen hatte, die Leitung dieser städtischen Einrichtung. Die Stadt hatte sich bei der Säkularisierung gegenüber dem Herzog durchgesetzt und das Kloster in Besitz genommen.
1614 brannte das Kloster erneut aus. Das Dormitorium wurde nicht wieder aufgebaut, während das Refektorium weiterhin, bis 1945 als Armenhaus diente. Während des ersten Weltkrieges waren russische Kriegsgefangene darin untergebracht.
Gegenwärtig erfolgt die Rekonstruktion des ältesten Gebäudes der Stadt und mit dem Neubau des Dormitoriums soll es die Heimstatt des Regionalmuseums werden.
Kirchen und Kapellen gehörten immer zu den ersten Bauwerken, wenn es eine Stadt zu gründen galt, noch dazu in »unchristlichen Landen«. Man bedurfte bei solchem Aufbauwerk selbst der geistlichen Stütze und des Segens, aber es mußte auch das ungläubige Volk gewonnen werden. Die Zeiten, wo man den »rechten Glauben« mit Feuer und Schwert brachte, waren vorbei.
Da die Mönche des Klosters Broda schon gute zwanzig Jahre nach der Ausfertigung der Gründungsurkunde das Patronatsrecht über die Pfarrkirche zu Neubrandenburg erhielten, ist also das Vorhandensein einer solchen belegt. Wahrscheinlich hat es zuerst einen kleineren Vorgängerbau gegeben, denn der Hauptaltar der St. Marienkirche wurde erst am 31. August 1298, fünfzig Jahre nach der Stadtgründung, durch den Havelberger Bischof geweiht. Zu diesem Zeitpunkt stand der Ostgiebel der Kirche und vier Gewölbejoche der dreischiffigen Hallenkirche. Etwa dreißig Jahre ruhte der Bau, dann begann man ihn zu vollenden.
Im Stargarder Land ist dieses Bauwerk einmalig. Das mit dem heimischen Rohstoff, Backstein, errichtete durchscheinende Maßwerk des Ostgiebels war nicht die Arbeit von »Grob-, sondern von Goldschmieden«. Das aufsteigende Gewölbe der Kirchenschiffe erzeugte Ehrfurcht, und der schlanke Turm war nicht zu vergleichen mit der Trutzigkeit einer Wehrkirche. Der ganze Bau demonstrierte, erzeugt durch die Kunstfertigkeit der Bauleute, in der Allmacht Gottes die Macht der Kirche. Wie klein mußte sich der Mensch vorkommen, in diesem urbar zu machenden Land, wenn er die Kirche betrat und das Wort Gottes von der Kanzel vernahm.

Das Refektorium des Franziskanerklosters, das seit der Reformation als Armenhaus diente, ist das älteste erhaltene Bauwerk aus der Zeit der Stadtgründung. Die Fläche des Dormitoriums ließen die Stadtväter bepflanzen, so daß der neue Stadteingang, der mit dem Eisenbahntor entstanden war, wie ein grüner Übergang von der Wallanlage wirkte.

Leider wissen wir nichts von den Baumeistern, die dieses Wahrzeichen errichteten, aber ihnen sollte noch heute unsere Hochachtung gelten.
Die Geschichte des Bauwerkes ist bewegt, wie es die Zeiten waren. Kriege bedrohten die Stadt und die Bürger holten sich hier den geistigen Beistand für ihr Verteidigungswerk. Unwetter und Brände brachten die Einwohner der Stadt immer wieder in Bedrängnis und man suchte hier Trost. Aber auch das Gotteshaus war nicht vor den Unbilden gefeit. Blitzschlag und Brände ruinierten auch diesen gewaltigen Bau. Mühsam gelang es immer wieder ihn herzurichten. Während der Reformation »ging hier das neue Wort gewaltig«, man wollte Luthers Kirche, die die Nähe zum Volk brachte.
Im 30jährigen Krieg scheuten sich die Söldner Tillys nicht, im Angesicht des Altars unter den in der Kirche Schutzsuchenden ein Blutbad anzurichten.
Zu Beginn des 19. Jahrhunderts war der Zustand des Gebäudes so desolat, daß man darin kaum noch Gottesdienst abhalten konnte.
Großherzog Georg war es, der 1830 seinem Hofbaumeister Friedrich Wilhelm Buttel (1796 – 1869) den Auftrag zur Restaurierung erteilte. Von 1832 – 1841 waren nun Ziegler, Maurer, Zimmerleute und andere Handwerker damit beschäftigt, alten Glanz wiederherzustellen. Wilhelm Buttel fühlte sich durch diesen Auftrag geehrt, denn der Schinkelschüler wußte um die Bedeutung dieses Bauwerkes. Nach Abschluß der Arbeiten schrieb er in einem Brief:
»Werke, wie die Restauration der St. Marienkirche können aber auch nur dann empor blühen, wenn das Land und die Künstler in so fern glücklich sind, im Landes-Fürsten einen eben so gebildeten als kunstsinnigen und edlen Landesherren verehren zu können, der mit wahrer Liebe, Begeisterung und feinster Kennerschaft das Kunstschöne öffentlich so gern befördert und damit für eines der wichtigsten Bildungsmittel des menschlichen Geistes, wie öffentliche Kunstwerke anerkannt es sind, die landesväterliche Sorge trägt.«
1945 sank das Gebäude wieder in Schutt und Asche, nur ein Teil der äußeren Hülle blieb stehen. Seit 1975 ist man bemüht, das zerstörte Bauwerk auszubauen. Vielleicht muß erst wieder ein Mann wie Georg kom-

men, der mit Kunstverstand dieses »Bildungsmittel« vollendet, denn auch früher waren Staatskassen nicht üppig gefüllt.
Im Westen, vor den Toren der Stadt, steht heute noch die kleine Kapelle zu Ehren St. Georg. Es ist die einzige Kapelle außerhalb der Ringmauer, die noch erhalten ist. Schon 1308 wurde sie in einer Brodaer Urkunde benannt, als die Stadt den Mönchen des Klosters den Aalfang am Ausfluß des Baches zur Vierrademühle für die Stellung eines Priesters zu St. Jürgen überließ. Solche Kapellen gab es in vielen Städten. Dienten sie früher zur Aufnahme Aussätziger, die von den Kreuzzügen heimkehrten und mit Krankheiten geschlagen waren, nahmen sie später vor allem Pestkranke oder Betroffene von Epidemien auf.
Die im Osten befindliche Katharinenkapelle und im Süden die Gertrudenkapelle sind wahrscheinlich im 30jährigen Krieg zerstört worden. Schon zu Beginn des 18. Jahrhunderts finden sich keine Spuren mehr. Die Kapelle St. Gertrud war nach einer Wallfahrt nach Jerusalem 1492 vom Bürgermeister Moritz Gliencke, die er mit Herzog Magnus unternommen hatte, gestiftet worden.
Die Johanniskirche, die in unmittelbarer Folge des Franziskanerklosters erbaut wurde, ist zweischiffig und in ihrer Bauausführung wesentlich schlichter gehalten als die St. Marienkirche. Ursprünglichkeit hat sich nur am Westgiebel erhalten. Ihren heutigen Zustand hat sie der Restaurierung von 1892 – 94 zu verdanken. Mit der Reformation und der Säkularisierung des Klosters kam sie in den Besitz der Stadt, die nun auch das Patronat über die Kirche erhielt.
Die Geschichte der Juden in Neubrandenburg ist schon ein besonderes Kapitel. Aus der Zeit des Mittelalters gibt es in schriftlichen Quellen keine Hinweise über den Aufenthalt von Juden in der Stadt, obwohl es denkbar wäre, denn sowohl in Friedland als auch für Penzlin, Orte mit denen Neubrandenburg enge Beziehungen pflegte, lassen sich jüdische Händler im 14. und 15. Jahrhundert nachweisen.
Nachdem mit dem Sternberger Judenmord 1492 jüdische Bevölkerung über 200 Jahre aus Mecklenburg vertrieben wurde, kam es zu Beginn des 18. Jahrhunderts wieder zur Ansiedlung auch in Mecklenburg-Strelitz. Der Landesherrliche Erbvergleich von 1755 regelte dieselbe, denn hier war den Juden das Wohnrecht nur in den Städten Altstrelitz und Fürstenberg gegeben. Außerdem durften sie lediglich Hausierhandel und Pfandleihe betreiben, um ihren Nahrungserwerb zu sichern.

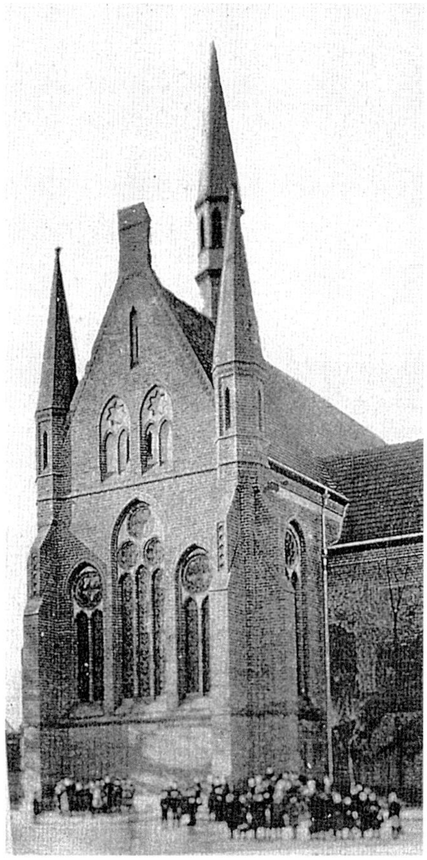

Der ehemalige Langchor der Johanniskirche wurde mit dem Zugang zum Bahnhof verkürzt. Wenige Jahre danach stürzte der als Kornspeicher benutzte Anbau ein, so daß endgültig eine Restaurierung der Kirche erfolgen mußte. Der Chor erhielt die auf dem Bild festgehaltene Form.

Der Blick in die Johanniskirche verdeutlicht, daß diese ehemalige Kirche des Franziskanerklosters wesentlich kleiner und bescheidener ist als die Marienkirche. Die Johannisgemeinde nutzte die Kirche nach der Reformation. Seit 1945, mit der Zerstörung der Marienkirche, wurde sie zur Hauptkirche der Neubrandenburger Protestanten.

Die kleine Kapelle St. Georg liegt idyllisch westlich der Stadt vor dem Treptower Tor. Das Hospital, das um die Kapelle entstanden war, diente den Siechen, die nicht in der Stadt behandelt wurden.

Die Synagoge mit ihren beiden Türmen war eine architektonische Bereicherung der Stadt. Als sie im November 1938 brannte, sicherte die Feuerwehr nur die nebenstehenden Gebäude, das Haus des Fuhrunternehmers Gütschow und das ehemalige ritterschaftliche Amtsgebäude, das zu dieser Zeit Arbeitsamt war. Die Kosten für die Beräumung der Trümmer wurden der jüdischen Gemeinde in Rechnung gestellt.

Die kleine katholische Kapelle St. Joseph stand unmittelbar vor den Scheunen der Neubrandenburger Landwirte. 1907 wurde sie geweiht.

In Neubrandenburg tauchen um die Mitte des 18. Jahrhunderts immer wieder jüdische Händler auf, was zu Beschwerden der einheimischen Handwerker und Händler führte. Im Verwaltungsbericht der Stadt von 1797, der auf Forderung Herzog Carls erstellt wurde, heißt es: »Das unglückliche jüdische Volk hat freilich eine gerechte Ursache auf die allgemeine Menschenliebe der Christen und jeder Rechtschaffene muß es wünschen, ...« Dann kommt das »Aber«, daß man Vorkehrungen treffen müsse, um eine weitere Ausbreitung zu verhindern. Man klagt: »Nichts desto minder haben die Juden sich in den neueren Zeiten noch mehr, als vormahls hieselbst durch Miethung ganzer Häuser und Wohnzimmer auf Jahres- oder kürzere Zeit häuslich einzunisteln gesucht. Statt 3 Juden, welche sich sonst ohne Frau und Kindern, die sie in Strelitz hatten, hieselbst aufhielten, und welche auch nicht einmahl immer hier waren, sind nun schon 8 JudenFamilien hieselbst wohnhaft, welche sich einen Schulmeister halte, und zusammengenommen 32 Seelen ausmachen.« Drei Jahre später ist es gänzlich mit der oben genannten christlichen Nächstenliebe vorbei, denn auf Druck der Bürger weist der Magistrat alle Juden aus der Stadt und gibt den Befehl, daß kein Einwohner der Stadt Juden Quartier geben darf.
Mitte des 19. Jahrhunderts war auch in Mecklenburg der Emanzipationsprozeß der Juden nicht mehr aufzuhalten. Sie erhielten gleiche Rechte, wenn auch viele Vorbehalte unter der Bevölkerung blieben. 1850 leben 58 Juden in Neubrandenburg, Tendenz steigend. 1861 stellen diese den Antrag auf Bildung einer eigenen Gemeinde. Vier Jahre braucht der Magistrat, um den Antrag wohlwollend zu genehmigen. Aber schon ein Jahr später kann die Jüdische Gemeinde Neubrandenburg ihren eigenen Friedhof weihen.
Ihren Gottesdienst konnten sie aber nur in einer Wohnung abhalten, denn noch fehlte ein jüdisches Gotteshaus, oder man fuhr in die Altstrelitzer Synagoge.
Der Fürsprache des Herzogs und dem Wirken von Bürgern, die toleranter gegenüber Andersgläubigen waren, ist es zu verdanken, daß am 4. September 1877 auch die Neubrandenburger Juden ihre eigene Synagoge einweihen konnten. Baumeister und Bauleute, herzogliche Beamte und Vertreter des Magistrats und der Bürgerschaft ließen es sich nicht nehmen, dieser Feier beizuwohnen. Zu Beginn des 20. Jahrhunderts war die Neubrandenburger Jüdische Gemeinde auf einhundert Mitglieder ange-

wachsen und spielte eine nicht unerhebliche Rolle im wirtschaftlichen und geistigen Leben der Stadt.
61 Jahre nach ihrer Einweihung, in der Nacht vom 9. zum 10. November, brannte, wie in fast allen deutschen Städten, auch die Neubrandenburger Synagoge. Zu diesem Zeitpunkt lebten noch zehn Juden in der Stadt. Als 1940 der Vorsteher der Jüdischen Gemeinde, Isidor Heine, gezwungen wurde, der Kündigung des Erbpachtvertrages zum Friedhofsland zuzustimmen, erfolgte kurze Zeit darauf eine Umlagerung von ca. zwanzig Gräbern, der Friedhof wurde eingeebnet. 1942 nahm sich der letzte in Neubrandenburg lebende Jude, Isidor Heine, kurz vor seiner Deportation das Leben. Die Behörden melden »Neubrandenburg ist judenfrei«. Damit endete die Geschichte der jüdischen Bevölkerung.
Mit der Reformation erlosch das katholische Leben in Mecklenburg. Für Neubrandenburg bedeutete dies, daß 350 Jahre kein katholischer Gottesdienst mehr gehalten wurde.
Obwohl vor allem im zweiten Drittel des 19. Jahrhunderts ein erheblicher Zuzug von Angehörigen der katholischen Konfession erfolgte, und auf dem Lande die Ansiedlung von Schnittern aus dem Osten, die dieser Konfession angehörten, zu beobachten war, wurde der erste katholische Gottesdienst erst 1899 in Neubrandenburg abgehalten. Der Magistrat hatte dazu die Aula der Bürgerschule zur Verfügung gestellt. Die Zahl der Mitglieder der katholischen Gemeinde wuchs ständig. 1903 versuchte der Bonifacius-Verein in Neubrandenburg ein Grundstück zu erwerben, was auch 1905 gelang.
Am 23. Juni 1907 wurde die kleine Kapelle in der Großen Krauthöferstraße dem Hl. Joseph geweiht. Somit konnten auch die Katholiken ihren Gottesdienst im eigenen Gebäude abhalten. Der Standort war nahe des Bahnhofes, so daß auch die sich auf den Gütern der Umgebung aufhaltenden Schnitter in den Sommermonaten am Gottesdienst teilnehmen konnten.
Heute finden in diesem Gebäude Filmkunstaufführungen und Vorträge statt, denn die angewachsene katholische Gemeinde hat ihr Gemeindezentrum am Standort der ehemaligen Heidmühle eingerichtet.
Der Marktplatz war immer das Zentrum einer mittelalterlichen Stadt, wirtschaftlich als Handelsplatz, ein Recht, das Städten eigen war, politisch als Standort des Rathauses, dem Ort der Verwaltung und der Gerichtsbarkeit.
Für Neubrandenburger ist die Einrichtung solch eines Gebäudes schon im Stiftungsbrief gestattet, und so wurde das »Schuhhaus« unmittelbar nach der Stadtgründung erbaut.
Es beherbergte einerseits die Ausstände der Schuhmacher, andererseits war es der Sitz des Stadtschulzen und des »Schöppenstuhls«, des Gerichtsstandes der Stadt. Sieben Schöffen aus dem Rat, vier Bürgermeister und drei andere Ratsverwandte bildeten das Gericht.
Auf dem Marktplatz standen die Scharren der Schlachter, die Fischbänke der Fischer und die Stände der anderen Gewerke und Händler, die ihre Waren feilboten. Schon sehr zeitig zeigte sich die Konkurrenz auf dem Markt, wenn im Privileg der Knochenhauer aus dem Jahre 1290 die Anzahl der Scharren feststeht, denn es wurde festgelegt, daß keine neuen erbaut werden durften. Diese Fleischerstände befanden sich bis 1842 auf dem Markt. Eine Verlegung in die Kleine Wollweberstraße wurde von den Bürgern nicht akzeptiert, so daß die Schlachter das Fleisch nun ihren Kunden ins Haus brachten.
Nicht nur friedlicher Handel und Wandel war auf dem Markt zu beobachten. Sicher mußte die »Marktpolizei« des öfteren eingreifen, wenn Produzenten oder Händler die Käufer übervorteilen wollten. Nicht bei jedem angebotenen Produkt stimmten die in der Polizeiordnung festgelegten Maße, Gewichte oder Preise, so daß Auseinandersetzungen unvermeidlich waren. Manches »zu leicht befundene Brötchen« wurde konfisziert und kam den Armen der Stadt zugute.
Auch Anmaßungen der Obrigkeit führten zu Streitigkeiten zwischen Magistrat und Bürgern. 1572 hatten die Bürger unter 26 Punkten eine Beschwerde an den Herzog gerichtet, die auch die »Fisch-Frage« enthielt. Die Ratsmänner und sogenannten Bachherren, die die Aufsicht über die Fischerei als wesentliche Einnahmequelle der Stadt hatten, nahmen sich nach »alten Herkommen« das Recht auf einen »freien Griff« und das Vorkaufsrecht. Der »freie Griff« bedeutete, daß man die Fische, die man mit einem Griff faßte, kostenlos erhielt. Die große Zahl der Ratsmitglieder, vielleicht auch ihre großen Hände und ihr gewaltiger Appetit auf Fisch, ließen der übrigen Bevölkerung somit selten den Genuß dieses wichtigen Nahrungsmittels oder eben nur noch minderwertigen Fisch übrig.
1595 entschied die herzogliche Kommission, die den Streit zu schlichten hatte, daß in Zukunft jeder Bürgermeister zweimal im Jahr zwei Griffe und jeder Bachherr im Jahr sechs Griffe tun dürfe. Das Vorkaufsrecht wurde abgeschafft. Nun hatten wesentlich mehr Bürger die Aussicht auf ein ordentliches Fischgericht.
Ein anderer Punkt der Beschwerde war die sogenannte »Stadtfreiheit«. Das waren Plätze inner- und außerhalb der Mauer, die der Kommune gehörten. Einmal im Jahr gingen Rat und Alterleute die Stadt ab, um festzustellen, ob Bürger gegen die Stadtfreiheit verstoßen. Nun hatten einige Händler, deren Häuser auf dem Markt standen, mit Anbauten ihren Besitz erweitert und somit die freien Plätze der Kommune überbaut. Zum Begängnis der Freiheiten 1598 waren die Vertreter der Bürgerschaft so in Fahrt, daß sie nicht nur Zäune und Ställe, die in der Stadtfreiheit standen, abrissen, sondern auf dem Markt veranstalteten sie eine regelrechte Schlacht und zerschlugen einige der Krämerbuden.
Auch Sagenhaftes soll sich auf dem Marktplatz zugetragen haben. In alten Zeiten stand ein mächtiger Lindenbaum hierselbst. Zum Markttage wanderte ein fahrender Schüler mit einer roten Hahnenfeder am schwarzen Barett, am linken Fuß hinkend, durch das Treptower Tor. Er erklärte den staunenden Marktbesuchern und Händlern, daß er ein Tausendkünstler sei, der ihnen Kunststücke vorführen würde, die sie noch nie erlebten. Als Probe wolle er zuerst zur Spitze des Baumes klettern, aber nicht von Ast zu Ast, was ja keine Kunst sei, sondern wie ein Wurm im Inneren des Stammes. Vor der gaffenden Menge bohrte er mit seinem Kopf ein Loch in den Stamm, was, nachdem er im Stamm verschwunden war, sich wieder schloß und kam im Wipfel des Baumes wieder heraus.
Ein kleines Mädchen, das gerade auf der Wiese ein vierblättriges Kleeblatt gefunden hatte, kam trällernd daher und sah die vom Teufelswerk geblendete Menge. Um sie zu warnen, rief sie:
»Was steht ihr hier und gafft das an?
Was der tut, das kann Jedermann!
Er kriecht ja oben nur herum,
O, lieben Leut' was seid ihr dumm!«
Schrecklich fluchend fuhr nun der Teufel, einen Feuerschweif hinter sich herziehend, durch die Luft davon. Dem Mädchen entfiel das Kleeblatt und von Stund an war sie gelähmt, bis der Tod sie erlöste. Aber durch ihre Tat befreite sie die Stadt von des Teufels Fluch.
Eine nicht sehr freundliche Sache auf dem Markt war die sogenannte »Justiz«, d. h. der

Der Blick vom Turm der Marienkirche auf den Marktplatz zeigt sehr deutlich die enge Bebauung des Innenquartiers auf der Südseite. Im Norden, außerhalb der Ringmauer in Richtung frühere Kuhwiese und Pferderennbahn, gibt es zum Zeitpunkt der Aufnahme kaum eine Bebauung. Das Rathaus wurde immer wieder von Stadtbränden heimgesucht. So brannte es sowohl 1676 als auch 1737 aus. Der Neuaufbau veränderte die ursprüngliche Architektur aus der Spätrenaissance. Bei der Erbauung wurde im Durchgang ein Portalstein eingelassen: »Der Bau dieses öffentlichen Hauses ward zum Gebrauch und zur Zierde dieser Stadt im Jahre 1585 begonnen und 1588 vollendet. Es ist ein köstlich Ding: Frieden vor den Toren und Eintracht im Hause.« Leider haben sich die bewegten Zeitläufe nicht nach diesem frommen Wunsch gerichtet. 1945 brannte das Rathaus erneut aus und wurde Anfang der 50er Jahre abgerissen.

Pranger. Hier wurden »Sünder«, die mit leichten Vergehen gegen die Polizeiordnung verstoßen hatten, öffentlich angekettet und dem Spott und der Schadenfreude des Volkes ausgesetzt. Auch die Gerichtsurteile bei größeren Verbrechen wurden hier verkündet. So auch das Urteil zur letzten öffentlichen Hinrichtung 1770, als nach dem Urteilsspruch der Stab über die Götterich gebrochen wurde.

Auf der Ostseite des Marktes befanden sich ursprünglich Stadtwaage und Spritzenhaus. 1774 sprach Adolf Friedrich IV. (Dörchläuchting) beim Magistrat um Überlassung dieser Grundstücke vor. Er wollte sich hier ein Sommerpalais erbauen lassen. Die Stadt, die immer noch an den Folgen des Konkurses, des Stadtbrandes von 1737 und der katastrophalen wirtschaftlichen Situation im Herzogtum krankte, erhoffte sich von der Anwesenheit des Herzogs einen Aufschwung, denn Hofhandwerker und Hoflieferanten würden sich vielleicht entsprechender Aufträge erfreuen können.

Die Schenkungsurkunde wurde am 2. Juli 1774 ausgefertigt, und nachdem die Ritter- und Landschaft beschlossen hatte, Serenissimo »zu einem anständigen und bequemen Wohnhaus eine hinlängliche Summe Geldes zu verehren«, konnte mit dem Bau begonnen werden. Schon 1785 wurde der Bau erweitert, nachdem auch das Grundstück der alten Ratsapotheke mit einbezogen war. Diese erhielt ihren neuen Standort auf der Südseite des Marktes. Viele Geschichten ranken sich um Adolf Friedrich IV. in Neubrandenburg, aber dazu wird erst bei Fritz Reuters Aufenthalt in Neubrandenburg zu sprechen sein.

Die Nachfolger von Adolf Friedrich IV. nutzten das Sommerpalais relativ wenig. Herzog Carl besuchte seine Vorderstadt erst fast 20 Jahre nach seiner Inthronisation. Zum Convocationstag 1813, als er seine Mecklenburger aufrief, sich dem Kampf gegen Napoleon anzuschließen, begrüßte er die Freiwilligen, die sich auf dem Neubrandenburger Marktplatz stellten und als Mecklenburg-Strelitzer Husaren und Jäger in den Kampf zogen.

Marktplatz und Markttreiben sind natürlich nicht voneinander zu trennen. Höhepunkt in Neubrandenburg war der Herbstmarkt. Man konnte es auch Volksfest nennen, denn nicht nur die Händler bevölkerten den Markt, sondern Gaukler und Schausteller, also fahrendes Volk, boten Attraktionen. Ob es dressierte Tiere waren oder der Guckkasten, Feuerspeier oder Degenschlucker, Bauchtänzerinnen oder Wahrsagerinnen, sie alle brachten Abwechslung in den tristen Alltag der Stadt- und Landbevölkerung.

Zu den Wochenmärkten reisten vor allem die Gärtner und Bauern der Umgebung an, um die Neubrandenburger mit frischem Gemüse und Produkten der Landwirtschaft zu versorgen. Bei den großen Frühjahrs-, Sommer- und besonders Herbstmärkten war der Marktplatz deutlich mehr bevölkert.

Das Reuterzimmer im Ratskeller war beliebter Treffpunkt der Neubrandenburger und ihrer Gäste. Zeugnisse aus der Neubrandenburger Geschichte und der Gaststätte erinnerten an manch feuchtfröhliche Runde, die hier tagte.

Dabei kam der Handel nicht zu kurz, denn das Angebot war reichhaltig und es gab fast alles, was man brauchen konnte oder auch nicht. Als Beispiel sei das Angebot des Großhändlers Mumm zum Herbstmarkt 1797 angeführt. Alles natürlich zu billigsten Preisen wohlfeil:
»Beste weiße Wachslichte und Wachsstock von auswärtiger Fabrique, so nicht laufen, gut und sparsam brennen, neuer Rigascher Cronleinsamen, Libauer dito, holländischer rother und weißer Klee- auch Lucerne und Sprögelsamen, auch einheimischer Kleesamen, alle Sorten englischer Fayence oder Steingut, Mollenblei, berger, schwedscher und holländischer Hering und Thran, diverse Sorten Leder, Essigsprit, Rum und Arrak, Franz- und Kornbrandwein, Sierop, schwedsche Nägel und Platen, und alle Sorten Eisen und Stahl, Gips, Lissabonsche und englische Hornspitzen, Fürstenberger Stärke und Puder, englischer und Braunschweiger Hopfen, Bleiweiß, Kümmel, Salz, Pfeffer, und Tabak alle Sorten; frische mesinische Zitronen, ungelöschten Kalk, Kisten Glas und Bouteillen; Farbwaaren, als Indigo, Zinober, Weinstein, Krapp, Braunspon, Allaun, und Pottasche, Krollhaare, Cichorien-Caffe, holländischer und lübscher Lederleim, diverse Sorten Papier, lübsche Seife, dänische Wolle, auch Wickelwolle und Kamelhaare.« So stand es jedenfalls damals in der Zeitung. Vielleicht hätten Sie auch etwas gefunden.

Die C-Husaren, wie die Mecklenburg-Strelitzer Husaren und Jäger im Volksmund hießen, kämpften in den Befreiungskriegen 1813 – 15 tapfer gegen die Truppen Napoleons, die über 6 Jahre auch die Neubrandenburger Bevölkerung bedrückt hatten.

Der Einzug der Herzöge oder der Großherzöge war immer ein Ereignis für die Stadt. Vor dem Stargarder Tor wurden die hohen Herrschaften von den Ehrenjungfrauen und den Honoratioren der Stadt empfangen.

Auf dem Markt, vor dem geschmückten Rathaus und dem Palais, drängte sich 1906 fast die gesamte Bevölkerung der Stadt, um dem neuen Großherzogpaar Adolf Friedrich V. und seiner Gemahlin Elisabeth zu huldigen Auf dem Balkon des Palais nahmen sie diese Huldigung gnädigst entgegen.

Nicht nur friedliche Ereignisse und Märkte fanden auf dem Neubrandenburger Marktplatz statt. Zum Kaisermanöver 1911 stellte das Militär zum Feldappell die Lafetten auf dem Markt ab, und das Volk konnte hier die Wehrkraft des Kaiserreiches bewundern.

Das herzogliche Palais, das sich Adolf Friedrich IV. um 1775 als Sommerresidenz erbauen ließ, war ein einfaches Fachwerkgebäude, das seine Ärmlichkeit hinter der verputzten Fassade kaschierte. Es zierte die Ostseite des Marktes. 1945 brannte es völlig nieder.

Wenden wir uns einigen Häusern zu, die um den Marktplatz standen und den Menschen, die darin lebten.

Zu Beginn des 19. Jahrhunderts war Baron le Fort in Neubrandenburg ansässig. Er bewohnte das Haus Nr. 311 auf der Westseite des Marktes. Wahrscheinlich hatte er noch die Bäcker Schultsch, seine Nachbarin, kennengelernt, die zwar 1802 starb, aber durch Fritz Reuter unsterblich wurde. 1803 suchte er einen Hauslehrer für seine zwei Söhne. Es meldete sich ein Herr Fritze, und der Eindruck, den er machte, war günstig, denn er wurde angestellt. Zwei Jahre bereitete er seine Zöglinge auf das Leben vor. Dabei ging es diesem Mann nicht nur um Wissen, was in die Köpfe sollte, er meinte, daß Voraussetzung für einen regen Geist ein gesunder und gestählter Körper ist. Die sportlichen Übungen, wie Laufen, Springen, Schwimmen und Gymnastik, die er mit den Kindern exerzierte, zogen die Aufmerksamkeit weiterer Neubrandenburger Sprößlinge an, so daß sich recht bald eine größere Zahl junger Burschen dazu einstellte. Das Werderbruch, der See und der Wald zu beiden Seiten desselben wurden nun bald das Revier einer aufgeweckten Schar und beförderte die Sportbegeisterung unter den Neubrandenburger Jugendlichen. Franz Boll zeichnete die Erinnerung seines Großvaters, des Obermedizinalrates Brückner auf: »Täglich Abends 6 Uhr kam Fritz mit seinen Zöglingen zum Kropf und unterrichtete nicht nur seine Eleven, sondern auch andere Knaben, die er dort fand und die damals alle noch wie die Hunde plümperten, im regelrechten Schwimmen. Hier entwickelte er bald sein ungewöhnliches Talent, Knaben an sich zu ziehen, zu fesseln und unbedingt zu leiten. Ohne sein Zuthun sammelte sich eine Schar von 20 bis 30 Knaben um ihn. Nach beendetem Bade begleiteten ihn und seine Zöglinge die Schar dieser Freiwilligen nach Belvedere. Hier lehrte er Laufen, Klettern, Springen, besonders aber Ringen.«

So entstand hier der große Gedanke des deutschen Turnens, denn dieser Herr Fritze war kein geringerer als der später in die Geschichte eingegangene Turnvater Jahn. Zwar realisierte er sein Programm erst später in der Hasenheide bei Berlin, aber die Wiege des deutschen Turnens stand eigentlich auf dem Neubrandenburger Markt und in der ertüchtigungsfreundlichen Landschaft.

Wann genau der Kaufmann Rosenstein nach Neubrandenburg kam, ist nicht bekannt, aber es war vor dem ersten Weltkrieg. Er richtete sein Spezial-Geschäft für Schuhwaren und Herren- und Knaben-Garderobe im Eckhaus Waagestraße/Markt ein. Dieses Geschäft wurde vor allem für die ärmere Bevölkerung zum beliebten Anlaufpunkt. Beim Juden Rosenstein konnte man schon einmal mit einer Anzahlung von nur 50 Pfennig den dringend benötigten Wintermantel mitnehmen. Auch ein Preisnachlaß war denkbar. Die Kinder gingen gern mit zum Einkauf, denn sie erhielten gratis einen Weihnachtskalender oder ein kleines Spielzeug.

Attraktion war der Fußröntgenapparat, der einmalig in der Gegend die maßgerechte Anpassung des Schuhwerks ermöglichte.

Rosensteins soziales Engagement führte dazu, daß er 1919 auf der Liste der SPD zum Stadtverordneten gewählt wurde. 1935, nachdem auch in Neubrandenburg eine zunehmende »Arisierung« erfolgte, gab er sein Geschäft auf und verließ Deutschland.

Wenige Häuser weiter auf der Südseite des Marktes war der Sitz der Familie Siemerling. Schon im 18. Jahrhundert ließen sich Siemerlings in Neubrandenburg nieder und betrieben eine Apotheke. Sie gehörten zu den Honoratioren der Stadt. Sowohl Christian als auch sein Sohn Friedrich, die von 1756 bis 1823 die Apotheke betrieben, waren promovierte Mediziner.

1848 übernahm Dr. phil. Viktor Siemerling die Apotheke und später auch das Kaufmannsgeschäft, dem er als drittes Unternehmen noch ein Bankgeschäft anschloß. Die Familie Siemerling setzte sich immer für die Entwicklung der Stadt ein. Auch die Förderung junger Menschen und besonders Begabter war ihr Anliegen. So konnte der

Joseph Alterdinger (1874 – 1934) siedelte sich schon 1911 in Neubrandenburg an. Er wirkte hier nicht nur als Maler, sondern in seiner Malerschule brachte er sowohl wohlhabenden Töchtern das Zeichnen nach der Natur bei als auch jungen Handwerkern Grundbegriffe einer ästhetischen Gestaltung. Bis zu seinem Tod war er der Leiter der Städtischen Kunstsammlung.

Gymnasiast Johann Heinrich Voß sich mit Hilfe der Familie Siemerling manches Buch kaufen, um seine Bildung zu erweitern, was er sich sonst nicht hätte leisten können. Die Familienchronik sagt aus, daß auch Fritz Reuter, als er noch Privatlehrer und Gelegenheitsdichter in Treptow an der Tollense war und sein erstes Büchlein herausgeben wollte, finanzielle Unterstützung von Viktor Siemerling erhielt. Das führte auch zu einer engen freundschaftlichen Beziehung zwischen beiden. 1907, nachdem die Firma 150 Jahre in Familienbesitz war, verkaufte Nanny Siemerling das Geschäft an die Gebrüder Wasmund, die es unter dem alten Namen weiterführten.

Auf der Westseite des Marktes befand sich die Verlagsbuchhandlung von Hubert Moerke. Ihm ist es zu verdanken, daß 1922 die »Geschichte der Vorderstadt Neubrandenburg in Einzeldarstellungen« von Rat Dr. Karl Wendt den Neubrandenburger Geschichtsinteressierten in die Hand gegeben werden konnte.

1918 hatte der letzte Großherzog von Mecklenburg-Strelitz Selbstmord begangen und das bis dahin schon sehr stiefmütterlich behandelte Großherzogliche Sommerpalais verwaiste endgültig. 1919 bekam die Stadt das Palais von der Landesregierung des Freistaates Mecklenburg-Strelitz übereignet. Die Stadt konnte Räume immer gebrauchen, da sich die Verwaltung mit dem Anwachsen der Bevölkerung auch immer mehr vergrößerte.

Die 1890 gestiftete Kunstsammlung hatte 1920 ihre Heimstatt im Großherzoglichen Palais, Südflügel, gefunden. Sie war die erste bürgerliche Kunstsammlung in Mecklenburg und viele andere Städte beneideten Neubrandenburg um diese attraktive Einrichtung.

Die Südseite des Marktes war vor allem von der alten Ratsapotheke und der Siemerlingschen Apotheke dominiert. Das Foto, das um die Jahrhundertwende entstand, zeigt, daß die Schaufenster noch nicht bei allen Geschäften in Mode waren. Der Goldschmied Gernreich hatte zu dieser Zeit Werkstatt und Geschäft am Markt, bevor er seinen neuen Laden in der Eisenbahn- Ecke Badstüberstraße bezog.

1890 starb in Berlin der Neubrandenburger Maler Heinrich Stoll. Um seiner Vaterstadt etwas Gutes zu tun, hatte er per Legat seine Gemäldesammlung und das nicht unbeträchtliche Kapital von ca. 40.000 Reichsmark der Stadt geschenkt, mit der Maßgabe, diese in einem geeigneten »Lokal« zur Ausstellung zu bringen. So entstand die Städtische Kunstsammlung, die erste ihrer Art in Mecklenburg. Die ersten fünf Jahre fristete sie ihr Dasein in einer Wohnung in der Elisabethstraße 5. 1895 wurde die höhere Töchterschule Ecke Palais-/Badstüberstraße leergezogen und nun erhielt die Sammlung im Obergeschoß dieses Hauses Unterkunft. Als 1911 der Kunsthändler August Schmidt starb, kam es durch seine Schenkung zu einer Erweiterung der Bestände durch eine bedeutende Grafik- und Porzellansammlung. 1920 standen mit der Übernahme des Palais zehn attraktive Räume im Südflügel zur Verfügung. Der Maler Josef Alterdinger übernahm die Leitung der Städtischen Kunstsammlung und der im gleichen Jahr gegründete Kunstverein wurde aktiv. Ca. 600 Gemälde alter und moderner Meister sowie Kopien bedeutender Kunstwerke, mehr als 3 000 Grafiken, unter anderem von Dürer, Holbein, Grünwald, Rembrandt, eine große Kollektion Meißner Biskuitporzellan, Bronzen und anderen kunsthandwerklichen Arbeiten und eine prachtvolle Bibliothek bildeten den Bestand. 1924 wurden zwei Räume für die von Prof. Gaedertz gestiftete Reutersammlung zur Verfügung gestellt. Die Neubrandenburger wußten dieses Kulturangebot leider nicht so recht zu nutzen, denn immer wieder wurde der Besuch in der Zeitung angemahnt. Besucher der Stadt waren jedoch begeistert, so daß sie euphorisch über den Kunstgenuß in Neubrandenburg berichteten. Oft brannte dennoch abends in den Räumen Licht, wenn Alterdinger mit seinen Schülern in der Kunstsammlung tätig war, ihnen Bildgestaltung und Farbigkeit, Ausdruckskraft und Detailtreue erläuterte. Kopien, die die Schüler von Bildern und Plastiken anfertigten, befähigten sie später, in der freien Natur selbst schöpferisch tätig zu sein. Leider ist die Sammlung seit 1945 verschollen und immer noch gibt es keine Spuren.

Tengelmanns Kaffeegeschäft machte zur Jahrhundertwende schon gewaltig Werbung mit Hilfe entsprechender Schaufenster. Das hatte die Apotheke daneben nicht nötig.
Der Widerstreit zwischen Schaufensterbefürwortern und -gegnern war damals groß und wurde öffentlich in der Zeitung ausgetragen. Geschäftsleute erwarteten eine Umsatzsteigerung während die »denkmalsorientierten Intellektuellen« Schäden für das historische Stadtbild erkannten.

Mit der Neujahrskarte machte Richard Gertz Werbung für sein Geschäft auf der Westseite des Marktes. Neben Neubrandenburger Ansichtskarten konnte man bei ihm Porzellan-, Glas-, Luxus- und Galanteriewaren kaufen. Für die Kinder war das Angebot an Spielzeug reichhaltig, und Schüler versorgten sich hier mit Schreibheften und Zeichenutensilien. Der Verschönerung des Heimes diente das Tapisseriegeschäft der Christine Klug.

Die Nordseite des Marktes war zwei großen Hotels vorbehalten. Erstes Haus am Platz war das Hotel »Goldene Kugel«. Hier stiegen die betuchteren Besucher der Stadt ab. Das Hotel »Deutsches Haus« war zwar etwas bescheidener, aber doch in exponierter Lage. Auf der Karte sehen wir die Situation nach dem Wiederaufbau nach 1905, als die Westseite des Marktes fast vollständig abbrannte.

Der Brand der »Goldenen Kugel« im Juni 1905 legte das größte Hotel, aber auch die danebenliegenden Gebäude in Schutt und Asche. Nur mit großer Mühe konnte ein weiteres Ausbreiten der Flammen verhindert werden. Viele eilten zu Hilfe, aber an Schaulustigen fehlte es ebensowenig.

Das Café Zandering war wohl das bekannteste seiner Art in der Stadt. Den Berichten alter Neubrandenburger nach fertigte der Hofkonditormeister köstliche Torten und andere süße Leckereien an. Beim Kaffeeklatsch vergaß sicher mancher die guten Vorsätze für die schlanke Linie. Den am Markt gelegenen Konfektionshäusern konnte es nur recht sein.

Das 1905/06 von den Berliner Architekten Mohr und Weidner entworfene Ensemble für den Wiederaufbau der Nordseite des Marktes brachte etwas großstädtisches Flair in das Zentrum der Kleinstadt. Das trotz der imposanten Jugendstilfassade die Maßhaltigkeit der Bebauung eingehalten wurde, zeigt das Stadtgestaltungsgefühl der Architekten.

Die Nordseite des Marktes war Magnet für die »besseren Gäste« der Stadt. Hier stand das erste Haus am Platz, das Hotel »Goldene Kugel«. Am 2. Oktober 1766 traf der Engländer Thomas Nugent auf seiner Reise durch Mecklenburg in Neubrandenburg ein. Er hatte eine Geschichte der Slawen verfaßt und wandelte nun auf den Spuren seiner Theorien. In Briefen berichtete er seiner Königin, Sophie Charlotte, Schwester des Mecklenburg-Strelitzschen Herzogs Adolf Friedrich IV. Seine Ankunft schilderte er so:
»Die Thurmspitze der großen Kirche ist sehr hoch, und präsentiert sich vortrefflich. Die Stadt selbst liegt in einem mit hohen Hügeln umschlossenen Thale. Wir erreichten sie um zwey Uhr, worauf ich von meinem Reisegefährten Abschied nahm, der bey einem guten Freund zu logiren gedachte; ich hingegen nahm mein Quartier in dem angesehensten Wirthshause der Stadt, nemlich am großen Markte bey Hr. Toll. Dieser Herr Toll ist ein berühmter wohlhabender Weinhändler und Bürgeraltermann in Neubrandenburg. Bürgermeister Schröder, hatte mir schon in Rostock einen Brief an ihn mitgegeben, der bey meinem Wirth so viel auswürkte, daß er mir das beste Zimmer in seinem ganzen Hause einräumte, nemlich eben das Zimmer, in welchem Sr. Durchlaucht auf ihrer letzten Durchreise zum Baron von Dewitz, logirt hatte. Ueberhaupt muß ich gestehen, dies ist eins der besten Wirthshäuser, die ich in Deutschland angetroffen habe.«
Die »Goldene Kugel« war aber nicht nur durch Bett, Speis und Trank bekannt, hier gab es auch Konzerte und Bälle. Es übernachtete der Hof- und Landadel Mecklenburgs und die Honoratioren der Städte, und wie Nugent eben berichtete, auch Sophie Charlotte und andere Angehörige des Herzogshauses, denn zu dieser Zeit stand das herzogliche Sommerpalais noch nicht.
Am Abend des 15. Juni 1905 geschah das Unfaßbare. Seit 1737 war die Stadt von Bränden verschont geblieben. In dieser Nacht fiel fast die ganze Nordseite des Marktes in Schutt und Asche. Abends, 7 Uhr, brach das Feuer aus. Die Feuerwehr war schnell gerufen. »Zur Bewältigung des kolossalen Feuermeeres waren sämtliche städtische Spritzen, sowie die Spritze der Freiwilligen Feuerwehr in Tätigkeit und sandten unablässig ihre Wasserstrahlen in die lodernde Glut. Auch die Spritzen der benachbarten Ortschaften erschienen angelockt durch den weithin leuchtenden Feuerschein.« Erst 5 Uhr morgens hatte man den Brand lokalisiert und das Übergreifen auf weitere Quartiere verhindert. Der Zeitungsbericht schließt mit dem Satz: »Das Alte stürzt, es ändern sich die Zeiten, und neues Leben blüht aus den Ruinen!« So war es dann auch, denn schon ein Jahr später war diese Seite des Marktes in einer prächtigen Jugendstilfassade wiederentstanden. 1907 ereilte das gleiche Schicksal die Westseite des Marktes. So bekam der Neubrandenburger Marktplatz innerhalb von drei Jahren ein völlig neues Gesicht, bis auch dieses Ende April 1945 zerstört wurde.

Die Schulgeschichte Neubrandenburgs ist fast so alt wie die Stadt selbst. Ahlers schreibt, daß schon unmittelbar nach der Stadtgründung von den privilegierten 250 Hufen 8 Hufen zu Schulzwecken der Kirche überwiesen wurden, mit der Verpflichtung zur Erbauung einer Schule und der Besoldung der Lehrer. Das Patronat über die Schule war jedoch dem Rat übertragen. Die Nachrichten über das Schulwesen aus den Anfängen sind sehr spärlich und tauchen meist nur dann auf, wenn es Streitigkeiten gab, so zwischen Rat und Kirche. Das Patronatsrecht der Stadt entband die Kirchenökonomie nicht von der Finanzierung, was von ihr mehrfach versucht wurde.
Der Magistrat nutzte die Gelegenheit während der Reformation bei der Säkularisierung von den Kirchengütern soviel als möglich in den Besitz zu bekommen, um gerade auch die Schule besser ausstatten zu können.
Den wachsenden Anforderungen an die Bildung wurde die Neubrandenburger Schule nicht immer gerecht. Das Schulgebäude war von den großen Stadtbränden betroffen, und die finanzielle Ausstattung war nie die Beste.
Von 1766 bis 1769 besuchte Johann Heinrich Voß die Neubrandenburger Gelehrtenschule wie sie damals noch hieß. Seine Erinnerungen sind sicher sehr aufschlußreich: »In der zugluftigen Schulstube, fußkalt von Backstein und ewig bestäubt, waren die zwei oberen Klassen vereint, die ,jede drei Bänke einnehmend über fünfzig Lehrlinge enthielten. Denn die Schule behauptete den herkömmlichen Zulauf, weil weit und breit keine bessere war, und Hühnchen gern in ein volles Nest legt. Dem Raum zwischen den beiden Abteilungen gegenüber thronte der Magister auf seinem hinter dem Katheder der Redeübungen emporragenden Lehrkatheder, dessen hohltöniger Fußboden oft, Neulingen zum Schreck, unter zornigem Getrampel donnerte. Morgens sieben Uhr begann die Schule mit dem Liede Veni sancte spiritus und Fechts Dogmatik; dann bis zwölf, und vier Tage von zwei bis vier, wurden zumeist lateinische Autoren, vorzüglich leichtere, teils umständlich gedolmetscht, teils frischweg übersetzt; zweimal ward Oratorie nach Peucer gelehrt, Logik nach Baumeister, Geografie nach Schatz, Geschichte nach Essig; einmal ward Gelehrtenkenntnis aus Heumann, lateinischer Styl aus Heineccius, und einige Vorstellung aller Religionen aus einem Fragebüchlein geschöpft; einmal gab's Hebräisch, einmal Griechisch aus dem neuen Testament; mitunter wurden Ausarbeitungen beurteilt, oder auf dem Rednerstuhl allerlei Töne und Handgebärdungen eingeübt.
Diese achtunddreißig Lehrstunden der Woche verstand damals, da der zweite Lehrer von Alter geschwächt war, der schon alternde Magister für sich allein, wie eine gestellte Mühle, in einförmigen Gang abzuklappern.«
Der baufällige Zustand des Gebäudes, der auch bei Voß angedeutet ist, hatte 1760 Rektor Dankert bewogen, im Zusammenhang mit der Erbauung eines neuen Schulhauses, um die Erhebung der Gelehrtenschule in den Status eines Gymnasiums zu bitten. Die Finanzierung, so schlug er vor, sollte jeweils zu einem Drittel der Herzog, die Ritterschaft und die Landschaft (das waren die Städte des Herzogtums) übernehmen. Herzog Adolf Friedrich IV. stand diesem Gedanken sehr freundlich gegenüber, obwohl das Staatssäckel mehr mit Schuldscheinen, denn mit goldenen Talern, gefüllt war. Auch die Ritterschaft sah in dieser Bildungseinrichtung verbesserte Bildungschancen für ihre Sprößlinge. Widerstand regte sich aus Friedland, denn die Friedländer Schule sah sich durch ein Neubrandenburger Gymnasium ins Hintertreffen gebracht. Der entschiedene Protest fruchtete und Neubrandenburg erhielt vorläufig weder ein neues Schulhaus noch den Status eines Gymnasiums. So wurde am alten Gebäude weiter herumgeflickt und auch die Situation der Lehrkräfte änderte sich nicht.
In der Folgezeit kam es zu ständigen Beschwerden der Bürger über den mangelhaften Zustand des Schulwesens. Das veranlaßte Herzog Carl, 1805 seinen Kanzlei-Rat von Thürck zu einer Visitation der Schulen nach Neubrandenburg zu delegieren. Acht Tage lang besuchte von Thürck die Neubrandenburger Bildungseinrichtungen, d. h. sowohl die Elementar- oder Klippschulen als auch die Gelehrtenschule.

»Allerdings kam ich, ... mit sehr geringen Erwartungen,- «, so schrieb er, »indessen war dennoch die Wirklichkeit noch weit unter meiner Erwartung.« Er beschrieb in seinem Bericht nicht nur den desolaten Zustand der Schulen, sondern unterbreitete auch Vorschläge zur Verbesserung. In einem Nachtrag zu seinem Bericht, in dem er die Meinung der Bürger mitteilt, wurde Thürck noch deutlicher: »Es geziemt mir nicht, zu untersuchen: Ob Ew. Herzogl. Durchlaucht rechtlich verbunden sind Sich der Schulen nicht bloß durch eine zweckmäßige Ober-Aufsicht, sondern durch unmittelbar thätige Unterstützung anzunehmen, aber das weiß ich gnädigster Herr! daß Ihrem menschenfreundlichen Herzen das Bewußtsein, diesem dringenden Bedürfnisse Ihrer Unterthanen abgeholfen, so viele Aeltern über das künftige Schicksal ihrer Kinder beruhigt zu haben, unendlich viel werth seyn wird, daß es Höchst Ihnen dagegen sehr schmerzlich seyn würde, wenn Sie irgend ein strenges Straf-Urtheil gegen einen Ihro dortigen Unterthanen unterschreiben müßten, der dort möglicher Weise keine menschliche Bildung bekommen konnte, und also, von ungünstigen Verhältnissen fortgerissen, Verbrecher werden mußte.«

Die Franzosenzeit verhinderte, daß Herzog Carl die Reformierung des Schulwesens durchsetzen konnte. 1810 stiftete er jedoch das ehemalige herzogliche Küchengebäude zur Einrichtung der ersten Mädchenschule. 1818 erteilte sein Sohn Georg, der ihm in der Regierung folgte, den Auftrag zum Bau eines neuen Schulhauses. 1823 bis 1826 erfolgte die Ausführung. Fünfzehn Jahre nach der Einweihung des neuen Schulgebäudes erhielt die Gelehrtenschule nun den Status eines Gymnasiums.

Damit hatte sich zwar das höhere Schulwesen verbessert, aber der Volksschulbereich war unbedingt reformbedürftig. Noch immer war es nicht gelungen, die Schulpflicht durchzusetzen, da sowohl die materiellen Voraussetzungen fehlten aber auch die finanzielle Seite, vor allem für die ärmeren Einwohner der Stadt, nicht geklärt war. Diese Aufgabe wurde erst in der zweiten Hälfte des 19. Jahrhunderts in Angriff genommen.

Mit der Einführung der Schulpflicht und der Auflösung der Klippschulen mußte auch ein entsprechendes Gebäude für die Volksschule gefunden werden. 1881 erfolgte der Umbau des ehemaligen Ritterschaftlichen Criminal-Gerichts am Wüsten Kirchhof, später Poststraße.

Einer, der sich besonders für die Entwicklung des Volksschulwesens einsetzte, war Rat Dr. Karl Wendt. Der 1869 in Grünow Geborene hatte enge Beziehungen zu Neubrandenburg, denn mütterlicherseits stammte er aus einer Neubrandenburger Bürgerfamilie. Er besuchte das Neubrandenburger Gymnasium und bewarb sich nach seinem Studium 1894 um die Rektorstelle der Neubrandenburger Volksschule, die er auch erhielt.

Schon zu Beginn der 90er Jahre war die Schülerzahl so sehr angewachsen, daß der Neubau eines Schulgebäudes erforderlich wurde.

Am 29. April 1895 konnte Wendt in einem feierlichen Umzug Lehrerkollegium und Schülerschar von der alten Schule in das neue Schulgebäude in der Katharinenstraße (damals Friedländer Chaussee) führen. Das Gebäude in der Poststraße wurde nun von den Mädchen belegt. Die Vereinigung der beiden Schulen unter einem Rektorat erfolgte im gleichen Jahr.

Gleichzeitig mit der Einweihung der Schule erfolgte die Gründung einer Schüler-Volksbibliothek, die sich später sogar einer Erweiterung durch Landesmittel erfreuen konnte.

Auf Initiative vieler Bürger erhielt die Schule 1896 die Turnhalle, denn nach 1848 hatte sich der Turngedanke auch in Neubrandenburg wiederbelebt, und der Turnunterricht war obligatorisch eingeführt worden. Die Mittel für den Bau kamen vor allem aus privaten Spenden.

Dr. Wendt erkannte die sprunghafte Entwicklung in Neubrandenburg, so daß er den Bau eines zweiten Volksschulgebäudes durchsetzte, das 1898 eingeweiht wurde.

1902 konnte auf sein Drängen die Volksschule in Bürgerschule umbenannt werden. Dieser Name war keine Formalie, sondern für Wendt Programm, denn Bildung für alle war für ihn Voraussetzung für eine gesunde Entfaltung des Menschen. Die in den Jahren 1805 bis 1870 existierende Bürgerschule war vorwiegend wohlhabenden Schichten vorbehalten gewesen.

Auch eine Erweiterung des Gymnasiums wurde immer dringlicher. Auf dem Hof entstanden 1881 und 1902 zwei weitere Gebäude. Der naturwissenschaftliche Unterricht brauchte entsprechende Räume, die im alten Schulgebäude nicht vorhanden waren. Prof. Kurtz war es vor allem zu verdanken, daß die Fächer Physik und Chemie einen Stellenwert bekamen, der der Entwicklung des menschlichen Wissens, was die Naturgesetze und ihr Erkennen betraf, gerecht wurde.

Rat Dr. Karl Wendt (1869 – 1942) war fast 40 Jahre prägend für das Bürgerschulwesen in Neubrandenburg. Darüber hinaus engagierte er sich im Bildungs- und Museumsverein, denn Wissen und Liebe zur Heimat waren für ihn wichtigste, das Leben bestimmende Eigenschaften des Menschen.

Fast vierzig Jahre übte Dr. Wendt das Amt des Rektors der Bürgerschule aus. 1934 entließen ihn die Nationalsozialisten aus dem Schuldienst, der mit seiner christdemokratischen Gesinnung nicht mehr in ihr Konzept der Erziehung paßte.

Bei den Neubrandenburgern blieb »uns Rat«, wie sie ihn liebevoll nannten, immer im Gedächtnis. Hohe Disziplin und Lernmoral, Ordnung und Sauberkeit waren für ihn die wichtigsten Erziehungskriterien. Sicher schmunzeln wir heute darüber, daß er Schüler, die mit schmutzigen Schuhen zur Schule kamen, zum Hausmeister schickte, damit sie diese säubern konnten. Daß er das Baden in der Schule einführte und zu diesem Zweck Wannenbäder und Duschen einrichten ließ, mag heute verwundern, aber in wieviel Neubrandenburger Häusern gab es schon Bäder, waren notwendige hygienische Bedingungen vorhanden? In Erinnerung bei allen Schülern blieben die von ihm initiierten Turnfahrten. Vor allem das Kennenlernen der Heimat war damit verbunden, aber auch sein Wahlspruch »mens sana in corpore sano«, ein gesunder Geist in einem gesunden Körper, wurde hierbei realisiert. Die Verbundenheit zu seiner Heimatstadt zeigt sich in seiner Mitarbeit in den verschiedensten Vereinen der Stadt, und nicht zuletzt in der Publikation der »Ge-

Der erste Volksschulneubau wurde 1895 von den Schülern in Besitz genommen. 1902 erhielt die Schule den Namen »Bürgerschule«, als eine Bildungseinrichtung für Kinder aller Bürger der Stadt. Heute ist sie der älteste Schulbau in Neubrandenburg.

Nur drei Jahre später, 1898, wurde schon das zweite Gebäude der Volksschule bezogen. Das rasante Anwachsen der Kinderzahl machte diesen Bau erforderlich. So war innerhalb von nur drei Jahren ein Ensemble mit zwei Schulgebäuden und der Turnhalle entstanden, so daß für das Neubrandenburger Volksschulwesen gute Voraussetzungen für die Vermittlung von Grundwissen existierten.

Das 1823 bis 1826 vom Hofbaumeister Friedrich Wilhelm Buttel (1796 – 1869) erbaute Gymnasium am Marienkirchplatz, ein klassizistischer Profanbau, war eine anerkannte Bildungseinrichtung, die Schüler nicht nur aus beiden Mecklenburg anzog.
Der Bau, hier auf einem Foto von ca. 1895, brannte 1945 aus und wurde nicht wieder aufgebaut.

schichte der Vorderstadt Neubrandenburg«.
Im November 1928 erfolgte die Einweihung der neuen Mädchenschule in der Ziegelbergstraße. Die drei Gebäude der Bürgerschule, das alte in der Poststraße, in das inzwischen noch das Arbeitsamt mit eingezogen war, und die beiden in der Katharinenstraße, reichten seit Jahren kaum aus, um die große Zahl der Schülerinnen und Schüler zu fassen. Nun endlich war es soweit. Das von Bausenator Giesecke projektierte Gebäude konnte seiner Bestimmung übergeben werden. Zwar hatte man eine Sparvariante des Baues realisiert, denn die Mittel waren knapper geworden, aber Dr. Wendt konnte in seiner Rede zur Einweihung feststellen: »Heute sind wir in der glücklichen Lage, wenigstens die größte Not gekehrt zu sehen. Wir haben wieder für 40 Klassen 38 Räume, wobei ich aber zu bedenken bitte, daß dabei kein einziger Raum für irgend welche Sonderzwecke zur Verfügung steht.« Sein Kampf um die Verbesserung der Schulsituation hatte sich gelohnt. Die Mädchenschule wurde wieder von der Knabenschule getrennt, aber die Bildungsmöglichkeiten hatten sich bedeutend für alle verbessert.
Das Mädchenschulwesen für »höhere Töchter«, das mit der städtischen Einrichtung 1810 begann, erhielt 1866 durch eine private Anstalt Konkurrenz. Die Schwestern Anna und Pauline Weinreich gründeten eine höhere Mädchenschule mit Pensionat.
Dieses Institut am Marienkirchplatz/Ecke Große Wollweberstraße erfreute sich großer Beliebtheit. Insgesamt wirkten fünf Schwestern in dieser Bildungseinrichtung, die zeitweise 84 Schülerinnen beherbergte. So zeigte sich in der Kleinstadt ein Stück Emanzipation der Frau, denn zu dieser Zeit waren solche von Frauen geleiteten Institutionen sehr selten. Da die Schule gegenüber dem Gymnasium lag, wird sich sicher manche Beziehung angebahnt haben, zumal die parkähnliche Anlage des Platzes um die Marienkirche oder der nahegelegene Wall zu intensiven Spaziergängen bestens geeignet waren. Vielleicht wanderte auch mancher sehnsüchtige Blick von Fenster zu Fenster.
1911, nach 45 Jahren erfolgreichen Wirkens, schloß Schule und Pensionat, ein interessantes Stück Neubrandenburger Schulgeschichte.
Inzwischen hatte sich auch das städtische Mädchenschulwesen weiterentwickelt. Die Pläne zum Bau eines Lyzeums lagen vor und erste Vorbereitungen waren getroffen. Da begann am 1. August 1914 der erste Weltkrieg. Trotz der wirtschaftlichen Schwierigkeiten, die nun auch auf die Stadt zukamen, wurde der Bau, ein prächtiges Jugendstilgebäude, im April 1916 beendet. Die Einweihungsfeier war in Anbetracht des Krieges bescheiden, obwohl der Bau alle Anerkennung verdiente. Zahlreiche Besucher besichtigten die Schule in der Folgezeit, denn sie war in ihrer Einrichtung vorbildlich. Im Zeitungsbericht liest sich das so: »Besonders bewundert wurde gestern wieder die vornehme, künstlerische Ausstattung des herrlichen und gesund gelegenen Gebäudes, das in seinen oberen Stockwerken einen wunderbaren Blick auf den See biedet, ferner die modernen hygienischen Einrichtungen, die Turnhalle, die Aula, der Handarbeitssaal (mit Nähmaschinen verschiedener Systeme), der Zeichensaal, der Physiksaal usw. Die Anstalt wird den höchsten modernen Anforderungen gerecht werden, auch Wirtschafts- und Kochunterricht ist vorgesehen, ebenso gesunde Spielplätze, Promenaden und ein botanischer Garten.«
Aus dem botanischen Garten wurde vorerst ein Gemüseanbau, und auch die Rosenrabatte, die den Vorgarten zur Eröffnung noch zierte, wich Nahrhafterem, denn der Krieg brachte Nahrungsmangel mit sich.
1920 begann der Ausbau zu einer Studienanstalt, das Lyzeum wurde Reformreal-Gymnasium. Als der zweite Weltkrieg an die deutschen Grenzen zurückkam, war auch hier Bildung nicht mehr gefragt. Das Gebäude wurde zum Lazarett umfunktioniert. Vielleicht konnte mancher Verwundete noch die letzten Lektionen der Schüler an den Tafeln lesen oder er wurde an seine eigene Schulzeit erinnert.
Über fast siebenhundert Jahre hatte sich das Neubrandenburger Schulwesen entwickelt. Nicht immer leicht war es für Rat und Bürger gewesen, entsprechende Voraussetzungen dafür zu schaffen. 1945 brannte das älteste Schulgebäude der Stadt nieder, aber auch hier erwuchs neues Leben aus den Ruinen.

Der Schulhof des Gymnasiums mit seinen Hintergebäuden bot den Schülern in den Pausen viel Bewegungsraum, um sich von den Anstrengungen des Unterrichts zu erholen. Das geschah allerdings unter der gestrengen Aufsicht der Lehrer, so daß man seinen Tatendrang eingeengt sah. Die Aufnahme wurde 1927 von Dr. Mahn gemacht.

Unter der Regie des Oberlehrers Fritz Gahn führten die Schüler des Neubrandenburger Gymnasiums 1912 »Wallensteins Lager« von Friedrich Schiller im Konzerthaus Reimann auf. Auch die wenigen Mädchenrollen waren von den Herren besetzt. Bekannte Neubrandenburger Namen, wie Wedemeyer, Voß, Dörwald, Roloff, Seer, Dubbert, Marung, Jaeger, Reinhardt, finden wir unter den auftretenden Schülern.

Das Lehrerkollegium des Gymnasiums präsentiert sich hier dem Hofphotographen Fehmer 1908. Recht martialisch schauen die Herren in die Kamera. Zu dieser Zeit gab es auch noch keine Lehrerin am Gymnasium. Bärte schienen zur Autorität eines Gymnasiallehrers zu gehören.

Die 2. Klasse des Lyzeums zeigt sich hier, 1924, mit ihrem Klassenlehrer Konrektor Maaß. In der hinteren Reihe, stehend Mitte, Fräulein Lotte Jörß, die das Foto dem Archiv der Altschülerschaft zur Verfügung stellte.

Die von den Schwestern Weinreich gegründete private höhere Töchterschule erfreute sich großer Beliebtheit, weit über die Stadt- und Landesgrenzen hinaus. 45 Jahre erhielten hier die Töchter »aus gutem Hause« eine gediegene Ausbildung.

Das im April 1916 eingeweihte Lyzeum, ein vom Bausenator Giesecke projektierter Jugendstilbau, war die modernste Bildungseinrichtung für Mädchen in dieser Zeit. Verantwortliche für Bildung aus vielen Städten Deutschlands besichtigten diese Einrichtung. 1920 wurde sie zu einer Studienanstalt umprofiliert und hatte den Status eines Reformreal-Gymnasiums.

Erwartungsvoll schauen 45 Augenpaare der Mädchenklasse des Jahrganges 1935/36 in das Auge der Kamera. Für den Fotografen, für das Klassenfoto zusammengerückt, werden sie wenig später die langen Bänke ausfüllen, Bücher, Hefte und Schreibzeug ausgebreitet haben. Frau Kort, die Klassenlehrerin, stand dann sicher hinter dem Katheder vor der Klasse.

Die Mädchenschule, am 25. November 1928 eingeweiht, war zwar um einiges kleiner geworden, als ursprünglich geplant, da der Stadt die Mittel ausgegangen waren. Trotzdem schloß sie eine Lücke, denn überfüllte Klassenräume in den alten Schulgebäuden boten nicht die besten Bedingungen für einen qualitätsvollen Unterricht.

Fritz Reuter (1810 – 1874), Foto von A. Blume ca. 1862/63 im Neubrandenburger Atelier.
Vielleicht war es das Abschiedsfoto von Neubrandenburg, das er seinen Freunden als Erinnerung hier ließ?

Da saß er nun, der zum Leben Begnadigte, nach sieben Jahren Festungshaft und anschließender Stromtid, in Treptow an der Tollense, jungvermählt, und versuchte als Privatlehrer für Zeichnen und Turnen seinen Lebensunterhalt zu erwerben, was sehr mühsam war.

Fritz Reuter, am 7. November 1810 in Stavenhagen als Sohn des Bürgermeisters geboren, schon vierzigjährig, mit einer bewegten Vergangenheit belastet, angefüllt mit Geschichten, die danach drängten, aufgeschrieben zu werden.

Der Versuch, seine »Läuschen und Rimels« bei einem Verlag unterzubringen, scheiterte an der mangelnden Bereitschaft der Verleger, das Risiko einzugehen, einen Unbekannten mit plattdeutschen Texten zu drucken. So blieb nur übrig, sein literarisches Debüt im Selbstverlag an die Öffentlichkeit zu bringen. Eine Druckerei fand sich in Neubrandenburg bereit, der Drucker Bernhard Ahrendt, und die Kosten beglich Reuter mit von Freunden und Bekannten geliehenem Geld. Zwei Jahre später ist es ein weiterer Neubrandenburger, der Verlagsbuchhändler C. Lingnau, der ihm Unterstützung bei der Herausgabe des Wochenjournals »Unterhaltungsblatt für beide Mecklenburg und Pommern« zuteil werden läßt. Diese intensiven geschäftlichen und persönlichen Kontakte und seine Sehnsucht nach Mecklenburg legten einen Umzug nach Neubrandenburg nahe. Am 30. März 1856 konnten die Neubrandenburger im Wochenblatt folgende Anzeige lesen: »Meinen geehrten zukünftigen Herren Mitbürgern mache ich die ergebenste Anzeige, daß ich von Ostern d. J. ab Unterricht in der Mathematik, im Rechnen und im Zeichnen zu erteilen gedenke. Meine Wohnung ist bei dem Tischlermeister Willebrandt an der Kirche. F. Reuter«.

6 800 Einwohner leben in 658 Häusern in der Kleinstadt, überwiegend Handwerker, Händler und Ackerbauer. Die Stadt ist gerade dabei, ihre Geschicke selbst zu gestalten, denn das Land war in seiner wirtschaftlichen und gesellschaftlichen Entwicklung immer noch gebremst.

Fritz Reuter trifft hier auf ein Bildungsbürgertum, Pastoren, Mediziner, Juristen, Lehrer, die im Reformverein von 1848/49 ihre progressive Haltung bewiesen hatten. Zu den Gebrüdern Franz und Ernst Boll, zu Dr. Viktor Siemerling, zu Wilhelm Ahlers und anderen findet er schnell den Kontakt, aus dem sich lebenslange Freundschaften entwickeln.

Reuters Blick, der durch seine Lebenserfahrungen für soziale Probleme geschärft war, fühlt sich besonders zu Ernst Boll, der gerade den zweiten Band der »Geschichte Mecklenburgs unter besonderer Berücksichtigung der Culturgeschichte« der Öffentlichkeit übergeben hatte, hingezogen. Dieser ermutigte ihn, sich der sozialen Situation Mecklenburgs zuzuwenden. So wurde Reuters erstes Werk in Neubrandenburg die sozialkritische Versdichtung »Kein Hüsung«. Ernst Boll meinte, daß es »das gelungenste in niederdeutscher Sprache« werden würde. Reuter besprach mit ihm die Komposition des Buches und nahm auch Änderungen auf seinen Rat hin vor. Die Gebrüder Boll sind auch die Anreger und Aufbereiter historischer Quellen, die für das weitere Schaffen Fritz Reuters von Bedeutung waren. Das zeigt sich sowohl in »Ut de Franzosentid« als auch in »De Urgeschicht von Meckelnborg«.

Nun saß Fritz Reuter nicht nur an seinem Schreibtisch, obwohl man es annehmen könnte, wenn man auflistet, was er in seiner Neubrandenburger Zeit schrieb und veröffentlichte. Er war ein geselliger und fröhlicher Mensch, dem ein guter Tropfen immer mundete. Der Freundeskreis traf sich des öfteren am Stammtisch im Ratskeller oder im Fürstenkeller, wovon seine Luise selten begeistert war. Hier ging es dann vergnügt zu, Geschichten wurden in der Runde erzählt, eigenes Erleben und Überliefertes, und manche Flasche Rotspon oder »witter Witwin« ihres Inhalts entleert. Das regte die Phantasie an.

Wenn Reuter einem Freund 1868 schrieb: »Lies meine Bücher und Du wirst finden, daß sie zum Teil aus lebhafter Erinnerung an mir lieb gewordene Personen oder an mir lieb gewordene Tatsachen entstanden sind. Ich bin keiner jener Schriftsteller, die sich hinter ihren Schreibtisch mühsam irgendein törichtes Problem aushecken ...

Fritz Reuters erste Wohnung in Neubrandenburg beim Tischlermeister Willebrandt, Marienkirchplatz 8. Obwohl die Wohnung Reuters Frau nicht gerade zu Begeisterungsstürmen hinriß, wohnte sie hier von 1856 bis 1859.

Fritz Reuters zweite Wohnung im Haus des Kaufmannes Steinlein, Stargarder Straße 19. Diese Wohnung belegte Reuter von 1859 bis 1861. Es ist das einzig erhaltene Gebäude, das Reuter in Neubrandenburg bewohnte. Von 1980 bis 1991 befand sich hier die Reutergedenkstätte.
Heute werden die Räume durch die Kaufmännische Krankenkasse genutzt.

Fritz Reuters vierte Wohnung in der Stargarder Straße 24, die er von 1861 bis 1863 bewohnte. Dieses Haus erwarb 1891 der Kaufmann Usedom, der ein Kaffeespezialgeschäft und einen Kolonialwarenladen einrichtete.

1899 entstand das Gemälde von Johann Bahr »Ick will jug vertellen ...« – Fritz Reuter mit seinen Freunden am Stammtisch des Ratskellers. Es wurde erst 25 Jahre nach dem Tod Fritz Reuters gemalt und soll folgende Personen darstellen (v.r.n.l.): Unkel Bräsig, Franz Boll, Viktor Siemerling, Justizrat Ludwig Schröder, Wilhelm Hilgendorff, Ratskellerwirtin Ahlers, Fritz Reuter, Rittmeister Blümcke, Ratskellermeister Ahlers, Oberförster Träbert, Oberamtmann Schönermark, Unbekannt.

Adolf Friedrich IV. (1738 – 1794) regierte von 1752 – 1794 das Herzogtum Mecklenburg-Strelitz. Der etwas skurrile Herzog gab Anlaß für viele Geschichten um seine Person, die noch lange in der Bevölkerung erzählt wurden. Sie veranlaßten Fritz Reuter zu seinem Sittenbild »Dörchläuchting«, in dem er diesen Herzog doch sehr stark karikierte.

Ich halte es mit dem Goetheschen Spruch: ‚Greif nur hinein ins volle Menschenleben, und wo ihr's packt, da ist's interessant.'«. Nicht leicht war der Anfang für Fritz Reuter in Neubrandenburg, denn noch war er eigentlich ein Unbekannter, nicht der Dichter Norddeutschlands, was sich auch in den Auseinandersetzungen mit Klaus Groth zeigte. Groth charakterisierte die Orthographie des Plattdeutschen bei Reuter als übertrieben naturalistisch und roh.

Seine erste Wohnung am Marienkirchplatz kann man wohl mit Recht als sehr bescheiden bezeichnen. Luise Reuter schildert in einem Brief an ihre Freundin Marie Peters die Ankunft in Neubrandenburg: »Ermiß meinen Schrecken, als ich, vorauseilend, die mit Stroh und Schmutz aller Art dekorierte Treppe erstiegen! Der Witterung angemessen, starrten einen die weit geöffneten Fenster wie zum Willkommen entgegen – schauerlich! Das Feuer brannte eben im Ofen, fingerdicker Staub überall ... Das Weinen war mir näher als das Lachen.«

Nacheinander bewohnten die Reuters vier Wohnungen in Neubrandenburg. Luise Reuter, die immer auf Repräsentation bedacht war, sorgte dafür, daß ihr Unterkommen dem ständig steigenden Ansehen ihres Mannes gerecht wurde.

Viele Illustratoren beschäftigten sich mit den Werken Fritz Reuters. Einer der interessantesten war Conrad Beckmenn. Die Szene zeigt, wie Mudder Schulten Dörchläuchting vor dem Palais in Neubrandenburg wegen der nicht bezahlten Brötchenrechnung zur Rede stellt.

Der Dichter Kägebein und der Konrektor aus Reuters Roman »Dörchläuchting«.

Das Reuterdenkmal in Neubrandenburg wurde durch eine über Jahre dauernde Spendensammlung gestiftet. Die Einweihung erfolgte am 29. Mai 1893.

Fritz Reuter fühlte sich sehr schnell heimisch, wie er seinem Freund Wuthenow berichtete. Die schon genannten Stammtische trugen sicher wesentlich dazu bei. Ein unumgängliches Gesprächsthema waren die Geschichten, die sich um die Person Adolf Friedrich IV. rankten. Dieser Mecklenburg-Strelitzer Herzog, der fast 20 Jahre in Neubrandenburg seinen Sommersitz nahm, war ein leutseliger Mann, dessen Originalität sich auch 60 Jahre nach seinem Tod in unendlich vielen Geschichten erhalten hatte, was in einer Kleinstadt, wo Jeder Jeden kannte, nicht verwunderte. Im Volksmund hieß er nur »Dörchläuchting«.

Das kleine Ländchen war nicht sehr reich und die Schatullen des Herzogs meist leer. Trotzdem belieferten Handwerker und Händler den Hof, allerdings mit der Bezahlung der Rechnungen dauerte es meist. So erzählt man sich die Geschichte von der Mudder Schulten, der Frau des Bäckers am Markt, der nach drei Jahren wohl die berühmte Hutschnur riß, sie Dörchläuchting bei seinem Spaziergang auf offener Straße die Brötchenrechnung präsentierte und energisch die Zahlung einforder-

Aus Anlaß des 100jährigen Firmenjubiläums des Modehauses Nahmmacher 1923 stiftet die Firma der Stadt den Reuterbrunnen. Der Neubrandenburger Bildhauer Wilhelm Jaeger hatte Mudder Schulten und Dörchläuchting in der bekannten Szene in Stein gehauen. Der Brunnen steht heute gegenüber dem Reuterdenkmal. Im Volksmund wird er »Mudder Schulten Brunnen« genannt.

te. Dies Ansinnen tat der sonst so freundliche Potentat mit der Bemerkung »Impertinentes Frauenzimmer, was erlaubt sie sich!« ab.
1923 ließ diese Szene ein namhaftes Modehaus von dem Neubrandenburger Bildhauer Wilhelm Jaeger in Stein hauen und schenkte den Brunnen der Stadt, der seinen Platz an der Südwestseite des Rathauses fand. Dörchläuchtings Gewitterangst war stadtbekannt, denn das Palais zierten zahlreiche Blitzableiter. Im Palais selbst gab es einen Glaskasten, denn der Konrektor Bodinus hatte dem Herzog erklärt, daß Glas ein schlechter Elektrizitätsleiter sei. Nun erzählte man sich am Stammtisch, daß bei jedem Gewitter, und diese waren im Sommer recht häufig, Adolf Friedrich IV. sich in seinen Glaskasten begab, nach dem Konrektor schickte, um sich immer wieder erklären zu lassen, daß ihn im Schutz des Glaskastens kein Blitz treffen könne.
Den Roman »Dörchläuchting« schrieb Fritz Reuter jedoch erst nachdem er Neubrandenburg verlassen hatte, in Eisenach. Vielleicht war es die Sehnsucht nach dieser Stadt und seinen Freunden, die er hier zurückließ, denn der Abschied war ihm schwergefallen. Seine Freunde, vor allem Franz und Ernst Boll, waren nicht sehr glücklich mit der Darstellung ihres Herzogs, und sie sparten nicht mit Kritik. So wurde der Unterschied zwischen Historikern und Literaten deutlich.
Als Reuter 1863 Neubrandenburg verließ, blickte er auf seine schaffensreichsten Jahre zurück, außer »Kein Hüsung« und »Ut de Franzosentid« waren entstanden »Hanne Nüte un de lütte Pudel«, »Schurr Murr«, »Ut mine Stromtid«, »Ut mine Festungstid«, »Läuschen un Rimels. Neue Folge« und auch »De Urgeschicht von Meckelnborg« ist als Manuskript fertig. Selbst der Plan zu seinem Roman »Dörchläuchting« liegt vor.
Sein Abschied wird zu einem städtischen Großereignis. Die Schüler des Gymnasiums und der Realschule, der Neubrandenburger Liederkranz, der Männerturnverein initiieren einen Fackelzug. Unter den Klängen des von Johannes Schondorf komponierten »Hanne-Nüte-Marsches« bewegt sich der Zug zur Wohnung Fritz Reuters. Der Primaner Ludwig Brückner hielt im Namen aller Neubrandenburger die Abschiedsrede: »Mit schmerzlichem Bedauern haben wir die Kunde vernommen, daß der vaterländische Dichter uns jetzt verlassen will, den wir mit gerechtem Stolz und gehobenem Bewußtsein fast ganz den unsrigen nennen konnten.«
Fritz Reuter dankt gerührt: »Diese sieben Jahre, ich kann es ganz aufrichtig sagen, sind die glücklichsten meines Lebens gewesen ... Ich werde nie die freundliche Vorderstadt vergessen mit ihren reinlichen Straßen, mit ihrer schönen Kirche, wie ihrem grünen Eichenkranz, den hellen blauen Spiegel ihres Sees, ihrem Buchenlaub – niemals werde ich sie vergessen.«
Auch die Neubrandenburger vergaßen ihren Fritz Reuter nicht. Mit Hilfe von Spenden setzten sie ihm 1893 ein Denkmal, nachdem sie seit 1887 fleißig gesammelt hatten. Vielleicht wäre ihnen ihr Vorhaben schon früher gelungen, aber zur gleichen Zeit fanden die Sammlungen zum Kyffhäuserdenkmal im Reich statt, und leider war es in Deutschland so, daß das Militär die Demokraten aus dem Rennen warf. Aber die Neubrandenburger waren geduldig genug, um ihr Vorhaben durchzubringen.
Das Engagement der Neubrandenburger für Fritz Reuter erhielt noch eine weitere Würdigung. Der Reuterforscher Prof. Dr. Karl Theodor Gaedertz (1855 – 1912) hatte sich über Jahre mit dem Leben und Schaffen Fritz Reuters beschäftigt. Unermüdlich trug er Zeugnisse dieses Lebens zusammen. Es war ihm gelungen, Handschriften, Briefe, Bilder, Bücher, persönliche Gebrauchsgegenstände und andere Erinnerungsstücke zu erwerben und zu einer bedeutenden Sammlung zusammenzufügen. Er wollte ein Reutermuseum aufbauen und dazu kam nur Mecklenburg in Frage. Da der Geburtsort Stavenhagen wenig Interesse an diesem Vorhaben zeigte, verfügte Gaedertz per Legat, die Sammlung Neubrandenburg zu übereignen. 1913 übernahm Studienrat Dr. Erich Mahn die Sammlung von der Witwe. Mit großem Eifer begann er die Sammlung zu ordnen und zu katalogisieren. Der erste Weltkrieg unterbrach diese Arbeit. Endlich am 12. Juli 1924, dem 50. Todestag Fritz Reuters, konnten in zwei Räumen im »Paleh Dörchläuchtings« die umfangreichen Bestände der Öffentlichkeit übergeben werden. Dr. Mahn war es auch, der wenigstens die wertvollen Handschriften vor der Vernichtung 1945 rettete. So erwarb er sich bleibende Verdienste für die Erhaltung des Erbes Fritz Reuters.
Fritz Reuters Wirken in Neubrandenburg hatte nicht nur seinen Nachhall im Denkmal, im Brunnen und der Reutersammlung. 1913, am 5. und 6. Juli, fand ein großes Reuterfest statt. Zwei Tage lang wurden die Neubrandenburger und ihre Gäste in Reuters Zeit versetzt. Der Festumzug, der sich vom Pferdemarkt über die Straßen der Innenstadt zum Festplatz, dem Turnplatz vor dem Stargarder Tor bewegte, war durch Festwagen und Darstellungen aus Fritz Reuters Werken ein Bild der Lebensfreude. Viele Neubrandenburger, Jung und Alt, hatten sich bereiterklärt, diesen Festumzug zu gestalten. Wochenlang hatten sie Kostüme geschneidert, sich in die Rollen der Reuterfiguren begeben. Auf dem Festplatz wurden lebende Bilder aus »Ut de Franzosentid«, aus »Ut mine Stromtid« und aus »Dörchläuchting« gezeigt. Der bekannte Neubrandenburger Reuterrezitator Ludwig Sternberg führte mit einem von ihm verfaßten Text durch die Darstellungen. Der aufgebaute Vergnügungspark bot allen Besuchern etwas, sowohl für das leibliche Wohl war im »Reuterkrog« oder im »Schultenkrog« gesorgt als auch Unterhaltung in jeder Form war vorhanden. Kapellen und Gesangvereine boten genauso Genuß wie Menagerien und Markttreiben. Auf dem Fest durfte nur plattdeutsch gesprochen werden, jedes hochdeutsch gesprochene Wort kostete 5 Pfennige Strafe. Gäste, die der plattdeutschen Mundart nicht mächtig waren, konnten sich mit einer einmaligen Gebühr von 50 Pf. loskaufen, erhielten aber ein Schild mit der Aufschrift »Ausländer« umgehangen. Daß das Ereignis viel beachtet wurde belegt, daß die Weltfilmfirmen Gaumont und Pathé Fréres aus Paris den Festumzug filmten. Ob der Film den erhofften Werbeeffekt brachte, läßt sich heute nicht mehr belegen. Auch zahlreiche Fotografen der verschiedensten Journale Deutschlands waren angereist und fertigten Aufnahmen vom Umzug und vom Festspiel.
Aber nicht erst 1913 gab es Umzüge in der Stadt. Schon sehr alt sind die Umzüge der Schützenzunft. Die Geschichte der Zunft läßt sich mindestens bis zum Jahre 1565 zurückverfolgen, obwohl Übungen zur Verteidigung der Stadt schon in Gründungszeiten notwendig waren.
Nun läßt sich Überlieferungen zufolge nachweisen, daß der Umgang mit der Waffe in alten Zeiten bei den Neubrandenburgern nicht sonderlich beliebt war, man ging lieber seiner Arbeit nach. Um die Attraktivität dieser oft lästigen Beschäftigung zu erhöhen, veranstaltete man Preisschießen, die die Aufmerksamkeit der anderen Bürger der Stadt auf sich zogen. Diese waren z. B. beim Königsschießen mit Umzügen verbunden. Feierlich, in Uniform sammelten sich die Schützen auf dem Marktplatz. Unter den Klängen der Stadtkapelle marschierte man hinter der Fahne zum Schießplatz und ermittelte den Schützenkönig.

Die Feier zum 100. Geburtstag des Dichters war für die Neubrandenburger Anlaß, am Denkmal ihres Fritz Reuters zu gedenken. Die verschiedenen Vereine waren angetreten und die Neubrandenburger Chöre umrahmten die feierliche Veranstaltung.

Ein Höhepunkt der Ehrungen für Fritz Reuter in Neubrandenburg war die Reuterfeier 1913. Ein großer Festumzug gestaltete die Werke des bedeutendsten Niederdeutschen Dichters. Viele Bürger der Stadt beteiligten sich an dem Umzug und ließen die Personen der Geschichten Fritz Reuters lebendig werden.

Vor allem die Kinder fanden großen Spaß an dem Festumzug 1913. Auf und neben den vielen Festwagen marschierten sie stolz. Der Umzug führte durch fast alle Straßen der Innenstadt. Hier bewegt er sich gerade über den Marktplatz.

Der Arbeiterverein »Fritz Reuter« Neubrandenburg wurde 1894 gegründet. Er hatte sich vor allem dem sozialen Engagement verschrieben. Die Mitglieder präsentieren sich hier mit ihrer Vereinsfahne.
Von oben nach unten und von links nach rechts:
Steinkopf, Günther, Strassen, Renter, Evers, Springer, Haase
Schultz, Berlin, Rohloff, Voss, Kalutzny, Wilk, Eichler, Schmidt, Usdorf, Roloff, Tramp, Kasch, Theopfiel.
Witt, Schröder, Peters, Oldenburg, Springer, Feldbinder, Lüdecke, Pasel, Tiedt, Horn, Rathke, Vonthin, Lehmann
Wasmund, Winter
Bröker, Kunkel, Grühn, Maahs, Dubbert, Schultz.

Das wohl älteste erhaltene Foto von Neubrandenburg stammt aus dem Jahre 1860. Wilhelm Bahr, ursprünglich Maler (Fritz Reuter nannte ihn nur Mala Bahr), nutzte die neue Technik und wurde der erste Neubrandenburger Fotograf. Das Foto zeigt den Aufmarsch Mecklenburger Militärs auf dem Marktplatz. Der Anlaß für diese Parade ist leider nicht überliefert.

1925 war der Bäckermeister Gaartz aus der Neutorstraße Schützenkönig geworden. Feierlich wurde er zum Aufmarsch der Zunft vom Kapitän abgeholt. Die Zunftmitglieder sind ihm zu Ehren angetreten und präsentieren das Rohr, wie es in der Sprache der Schützen hieß.

Die Bürger, die bewundernd das Zeremoniell auf dem Markt beobachtet hatten, begleiteten den Zug, vor allem die Kinder liefen begeistert mit. Zu einem wahren Volksfest entwickelte sich das Vogelschießen im Nemerower Holz. Im August 1818 wurde es erstmalig in Anwesenheit des Großherzogs durchgeführt und wurde zur Tradition. Die Königswürde schoß man früher auf dem Schützenwall aus, später auf dem Schießplatz im Werderbruch vor dem Stargarder Tor, bevor der neue Schießplatz in der Nähe der alten Stargarder Landstraße am Weg nach Fünfeichen angelegt wurde. Die Würde eines Schützenkönigs war früher nicht leicht zu tragen. Er hatte zwar immer einige ökonomische Vorteile, mußte sich sein »Königsein« aber auch etwas kosten lassen, so daß es zur Bürde werden konnte. Man braucht sich also nicht zu wundern, daß der Personenkreis, der König werden konnte, eingeengt war. Im Privileg § 16 heißt es:

»Zur Königswürde können nur gelangen:
Sr. Königliche Hoheit der Großherzog und die hohen Angehörigen des Allerhöchsten Hauses, die Mitglieder E.E. Raths hieselbst und der Stadtsekretair, sowie die ordentlichen und Ehrenmitglieder der Schützenzunft mit alleiniger Ausnahme derjenigen, welche wegen körperlicher Gebrechen keinen Theil an den feierlichen Aufzügen nehmen können.«

Beim feierlichen Festumzug aus Anlaß des 7. Norddeutschen Handwerkertages in Neubrandenburg präsentierten sich die Gewerke auf Festwagen. Die Stellmacher demonstrierten die Fertigung eines Wagenrades.

Dreimal im Jahr war feierlicher Aufzug der Zunft auf dem Markt, am Dienstag nach Ostern und am Dienstag und Mittwoch nach Pfingsten. Das Königsschießen fand am Dienstag nach Pfingsten statt. Feierlich wurde der alte König von der aufmarschierten Zunft zum Schießplatz geleitet. Der neue König erhielt Geleit nach Hause und wurde am folgenden Tag auf dem Markt gekürt. Auch für die Gäste der Stadt waren diese Zeremonien eine Attraktion.
Weniger militärisch ging es Anfang August 1929 zu. Neubrandenburg war als Ort für den 7. Norddeutschen Handwerkertag ausgewählt worden. Festlich war die Stadt geschmückt, um die Gäste zu begrüßen. Das Eisenbahntor überspannte ein mächtiger Triumphbogen als Eingangspforte. Es fand eine Tagung der Handwerker statt, die nach Wegen suchte, den Verfall der Kleinunternehmer aufzuhalten. Außerdem wurde eine

Durch die Ehrenpforte am Eisenbahntor marschierte der Festzug der Handwerker durch die Nord-Süd-Magistrale der Stadt. Auch die Festwagen der Schornsteinfeger und Maler waren originell gestaltet. Festlich gekleidete Neubrandenburger beobachteten vom Bürgersteig aus den Umzug.

Das Manöver der Wehrmacht 1937 war ein Großereignis für Neubrandenburg. Extra dafür war der Festschmuck für die Stadt angeschafft worden, denn zum Abschluß des Manövers wurde der »Führer« erwartet. Trotz des unplanmäßigen Eintreffen desselben, waren die Straßenränder voller Menschen.

In der Bürgerschule war der Manöverstab untergebracht. Der überraschend eintreffende »Führer«, der eigentlich erst zur Abschlußbesprechung zum Manöverende erscheinen wollte, wird hier durch die Manöverleitung mit militärischer Meldung begrüßt.

große Ausstellung als Leistungsschau aller Gewerke gestaltet. Die Neubrandenburger hatten zusätzlich einen großen Umzug organisiert. Zwei Herolde und 30 Innungsfahnen eröffneten den Zug. Dann folgten die Festwagen der Stellmacher, Tapezierer, Dekorateure, Sattler, Klempner, Schmiede, Glaser, Fischer, Schneider, Bäcker, Mechaniker, Schuhmacher, Straßenbauer, Schlachter, Schornsteinfeger, Maler, Tischler, Gärtner, Friseure, Schlosser, Uhrmacher. Den Zug beendeten die Brauer von Janssen und Bechly. Dazwischen gab es Darbietungen der einzelnen Gewerke. So hatten die Schneider eine Modenschau ausgerichtet, die Damen- und Herrenmoden der vergangenen 200 Jahre zeigte. Von den Bürgersteigen grüßten Einwohner und Gäste der Stadt begeistert den Zug. Auf dem Festplatz zeigten die Neubrandenburger Handwerker ihre Fertigkeiten, für Unterhaltung sorgten Chöre und Kapellen und die Gastwirte der Stadt fühlten sich für das leibliche Wohl aller verantwortlich.

Ganz anders war der Anlaß für die festliche Ausschmückung der Stadt acht Jahre später. Schon in der Vergangenheit nutzte das Militär Neubrandenburgs Umgebung für seine Übungen. Vor dem ersten Weltkrieg fanden die Kaisermanöver statt, in der Weimarer Republik waren es die Reichswehr und die Stahlhelmer, die hier aktiv wurden.

Aber im September/Oktober 1937 sollte es zum Höhepunkt kommen. Das große Wehrmachtsmanöver fand in Mecklenburg statt und als Standort für den Manöverstab war die Bürgerschule Neubrandenburgs vorgesehen. Dem Bürgermeister Hamann wurde eine entsprechende Mitteilung gemacht. Die Berichterstattung im »Niederdeutschen Beobachter« während des großen Ereignisses fand in keiner Weise Hamanns Beifall, so daß es zu einem Beschwerdebrief kam, den er an den Landrat Schildmann richtete.

»Gelegentlich einer der vielen Besprechungen mit den mit der Vorbereitung beauftragten Offizieren der Heeresleitung wurde mir ... mitgeteilt, daß der Führer zu der in Neubrandenburg stattfindenden Schlußbesprechung erscheinen würde. Aus Anlaß dieses Besuches des Führers entschloß ich mich, die schon lange geplanten Vorbereitungen für eine für besondere Anlässe ständig zur Verfügung stehende festliche Ausschmückung der Stadt zu Ende zu führen. Mit diesen Vorbereitungen war bereits bei der im Laufe dieses Sommers durchgeführten Neupflasterung der Hauptstraße der Stadt begonnen. Es waren nämlich an den Bordschwellen der Gehsteige in regelmäßigen Abständen Vorrichtungen für die Aufnahme von Fahnenmasten geschaffen worden, die dazu bestimmt sind, die jeweilige Aufstellung der Masten zu erleichtern. Lange vor Beginn des Manövers wurde die ständige Festausschmückung der Stadt mit dem Kunstmaler Günteritz besprochen und dieser mit der Vorbereitung und Leitung der Ausschmückung beauftragt. Es wurden dann die Fahnenmasten und die dazugehörigen Hakenkreuzbanner beschafft, und auch die Anbringung von Fahnen und Guirlanden an den öffentlichen Gebäuden und Privathäusern wurde besprochen. Pg. Günteritz hielt auch im Haus- und Grundbesitzerverein einen Vortrag über die beabsichtigte Ausschmückung der Stadt und gab den Hausbesitzern Richtlinien und Anregungen dazu. Daß auch während der ganzen Manöverwoche, insbesondere nachdem der Gauleiter dazu aufgefordert hatte, die Stadt in reichem Maße beflaggt wurde, war selbstverständlich. Die besonders vorbereitete Festausschmückung in der soeben geschilderten Weise sollte jedoch erst als Steigerung und Höhepunkt anläßlich des für die Schlußbesprechung angekündigten Besuches des Führers erfolgen. Daß der Führer schon zu Beginn des Manövers in Neubrandenburg erscheinen würde, war mir vorher nicht mitgeteilt worden und auch nicht vorauszusehen, hieß es doch immer, der Führer werde sein Standquartier in Tutow aufschlagen. Eine Festausschmückung in der vorgesehenen Art hätte auch, würde sie von vornherein so aufgeführt worden sein, ihre auf den Höhepunkt berechnete Wirkung verfehlt. Jedenfalls aber trugen auch in Neubrandenburg die Straßen zu Beginn der Manöverwoche, als der Führer unvorhergesehener-weise dann doch einige Male durch Neubrandenburg kam, an sämtlichen öffentlichen und privaten Häusern reichen Flaggenschmuck, und auch das Rathaus war bereits in der für den letzten Sonntag vorgesehenen Weise festlich geschmückt ... So wurde dem Führer selbst bei seinem unvorhergesehenen Erscheinen ein würdiger Empfang bereitet, der den Empfang, den er gerade in Neustrelitz gefunden hat, weit in den Schatten gestellt haben soll ... Das Bild, das die Stadt und insbesondere der Hauptstraßenzug mit seinem nach einstimmiger Ansicht aller Kreise einzigartigen Fahnenschmuck und den im künstlerischen Grünschmuck prangenden öffentlichen Gebäuden und Häusern bot, würde ihn auch entzückt haben.«

Besonders kränkend empfand Hamann, daß der Berichterstatter bemerkte, daß Neubrandenburg nach dem Vorbild Neustrelitz seinen Festschmuck gestaltet habe, denn das Verhältnis beider Städte zueinander war schon seit Alters her getrübt. Nun drohte er damit, daß viele Parteigenossen den »Niederdeutschen Beobachter« abbestellen würden. So kann ein Festtagskleid einer Stadt zum Politikum werden. Die Bilder belegen es, daß die Anteilnahme der Stadt am Besuch des »Führers« eine große war.

Wenn man die Ringstraßen entlang wandert, die den Stadtkern an der Mauer umfassen und einen etwas eiförmigen Kreis bilden, dann bewältigt man immerhin ca. 2 300 m, um den Kreis zu schließen.

Als die Neubrandenburger 1304, nach dem Vertrag von Vietmannsdorf, begannen, die Palisade durch die Mauer zu ersetzen, kam die steinreiche Gegend den Bauleuten entgegen. Die Gletscher hatten das Material herangeschafft. Trotzdem ist es immer wieder erstaunlich, wieviel Steine verbaut wurden, denn mit ihrer Länge, der durchschnittlichen Höhe von ca. 7 m, einer Stärke am Mauerfuß von ca. 1,5 m und in der Krone von ca. 0,6 m war es doch ein gewaltig feldsteinschluckender Bau. Eine Mauer allein war aber noch kein Schutz vor Angreifern. Sie mußten von der Stadtseite her Sichtmöglichkeiten nach der Feldseite bieten, denn Angreifer konnten Mauerbrecher, Rammböcke oder Sturmleitern an das Festungswerk bringen und es so zerstören oder überwinden. Bei vielen Befestigungsanlagen finden wir daher auf einer breiten Mauerkrone einen Wehrgang, der diese Funktion erfüllte. Nicht so in Neubrandenburg. Hier hatte man mit den Wiekhäusern eine Möglichkeit gefunden, die ebenso eine gute Verteidigung der Mauer ermöglichte. Diese aus der Mauer zum Wall hin weichenden Wehrtürme waren in drei Etagen gegliedert, von denen aus Angreifer bekämpft werden konnten. Dabei war der Abstand zwischen den Wiekhäusern, 30 bis 50 m, so gewählt, daß die dazwischenliegenden Abschnitte von beiden Seiten einsehbar waren und mit den gebräuchlichen Schußwaffen, anfänglich Bogen und Armbrust, später Hakenbüchse und Muskete, bestrichen werden konnten. Im Mauerwerk, was im Aufbau auf dem hohen Feldsteinsockel mit Backstein aufgeführt war, befanden sich nach außen sich verjüngende Schießscharten, die auch einen entsprechenden Radius für den Schußwinkel boten.

Der Blick in die V. Ringstraße zum Friedländer Tor zeigt die Enge der Straße, die hier auch noch als Abstellfläche für die Erntewagen der Ackerbauer verwendet wurde.

Das Wiekhaus Nr. 50 stand unmittelbar vor dem 1899 eingestürzten Turm in der Turmstraße in der V. Ringstraße.

Der Blick auf das Wiekhaus Nr. 1 in der I. Ringstraße unmittelbar neben dem Friedländer Tor zeigt anschaulich das Leben in den engen Ringstraßen. Wie in allen fünf Ringstraßen läuft auch hier in der Mitte die Abwasserrinne.

Das sogenannte »Brücknersche Wiekhaus« wurde auf Anregung des Museumsvereins 1912 als Kampfturm rekonstruiert, um anschaulich zu verdeutlichen, wie die alte Wehranlage befestigt war.

Das sehr massiv ausgebaute und verputzte Wiekhaus in der I. Ringstraße vor dem rekonstruierten macht einen sehr idyllischen Eindruck mit seinem Verandaanbau. Der gegenüberliegende Garten ließ den Bewohnern Licht und Luft.

Die Wiekhausbewohner des Hauses neben dem Treptower Tor nutzten den Wallgraben als Garten, Trocken- und Spielplatz.

Viele Neubrandenburger führte der sonntägliche Spaziergang auf den Wall, um die frische Luft und das Grün der gewaltigen Eichen zu genießen. Noch gab es keinen Autoverkehr um die Wallanlage, lediglich das Geratter eines vorbeifahrenden Ackerwagens konnte die Ruhe kurzzeitig stören.

Nicht nur der Kinderwagen, sondern auch »die Kuh des Tagelöhners«, wurden auf dem Wall »ausgeführt«. Der Blick vom Außenwall zwischen Konzerthaus und Neuem Tor läßt die Dominanz der Marienkirche im Stadtzentrum erahnen.

Das Schützenhaus auf dem planierten Wall zwischen Neuem Tor und Turmstraße war ein traditioneller Treffpunkt vieler Vereine, aber auch Einkehr für Spaziergänger. Vor allem der Garten lud zum Verweilen ein.

Südlich vor dem Neuen Tor auf dem Außenwall hatte der Neubrandenburger Patriotische Kriegerverein zum 100. Geburtstag Hellmuth von Moltkes am 26. Oktober 1909 einen Gedenkstein eingeweiht. Die vom Stargarder zum Neuen Tor führende Straße war ebenfalls nach ihm benannt.

Das Kriegerdenkmal für die Gefallenen im Deutsch-Französischen Krieg 1870/71 war 1895 gegenüber dem Reuterdenkmal am Eisenbahntor eingeweiht worden. Vor allem zu Beginn des ersten Weltkrieges wurde es zum beliebten Kundgebungsplatz.

Über die Anzahl der Wiekhäuser ist man sich nicht ganz einig. Brückner nennt 1912 die Zahl 56, in späterer Literatur finden wir 55. Fest steht, daß zwei der ursprünglichen Wiekhäuser zu Fangeltürmen umgebaut wurden. Zu Beginn des 16. Jahrhunderts sind in den Quellen 53 Wiekhaushauptleute benannt, die sicher mit der Anzahl der Wiekhäuser übereinstimmte.

Die Funktion der Hauptleute bestand bis zum 30jährigen Krieg darin, im Falle der Belagerung oder des Angriffs auf die Stadt, die Wiekhausbesatzung zu sammeln, die aus ca. 10 wehrfähigen Männern bestand, Posten im Wiekhaus zu beziehen und die Verteidigung an diesem Punkt der Wehranlage zu organisieren.

Im dritten Geschoß wurden in der Regel zwei Wachen postiert, die alle Bewegungen zu beobachten hatten. Der Rest der Besatzung hielt sich im Wachraum im zweiten Geschoß auf. Dieser Raum diente auch gleichzeitig in Friedenszeiten zur Unterbringung der Bewaffnung und der Rüstungen. Im ebenerdigen Bereich waren die Schlitten mit den Wasserfässern deponiert, um eventuell durch Brandpfeile verursachtes Feuer im Balkenwerk der Dachkonstruktion schnell löschen zu können. Diese Löschmittel fanden auch im Frieden Verwendung. So waren also das erste und dritte Stockwerk die sogenannten Kampfgeschosse. Ob die Wiekhäuser unterhalb der Mauerkrone stadtseitig noch über einen Balkengang verbunden waren, um sich im Gefahrenfalle gegenseitig unterstützen zu können, ist nicht nachweisbar, aber eher unwahrscheinlich, denn die Entfernung von Wiekhaus zu Wiekhaus war doch so gering, daß man einen solchen Aufwand nicht betreiben mußte. Nach dem 30jährigen Krieg waren die Wiekhäuser als Kampftürme überflüssig geworden und ihrer Funktion beraubt.

Die Wiekhaushauptleute waren aber nicht nur in Kriegszeiten tätig. Im Frieden dienten sie für die nichtzünftigen Gewerke und Einwohner praktisch als das Sprachrohr des Magistrats. Die Bekanntmachung von Verordnungen und anderen Stadtsachen wurde durch sie durchgeführt, indem sie ihre Bürger im Wiekhaus »zusammenforderten«. Die Stadtbrände des 17. und 18. Jahrhunderts hatten große Wohnungsnot mit sich gebracht, so daß es nicht verwunderlich war, die ihrer Funktion beraubten Wiekhäuser einer neuen Nutzung zuzuführen. Die Stadt selbst baute einige der ehemaligen Kampfhäuser zu Armenwohnungen um, stellte aber auch Handwerkern und Tagelöhnern welche zur Verfügung. So bewahrte man die Stadtmauer vor Lücken, die unweigerlich mit dem Verfall gekommen wären, löste gleichzeitig aber auch ein soziales Problem. Im Laufe der Zeit wurden 27 Wiekhäuser um- und ausgebaut. Damit bekamen auch die Ringstraßen Wohnfunktion, die so vorher nicht vorhanden war. Auch die Bebauung der der Mauer gegenüberliegenden Straßenseite nahm zu. Nicht immer glücklich waren die Stadtväter mit dieser Lösung, denn die bewohnten Wiekhäuser stellten sich oft auch als Verkehrshindernis heraus, vor allem für die Ackerbauer, die die Ringstraßen als Zufahrt für ihre Ställe und Speicher nutzten.
Die Wohnbedingungen in den Wiekhäusern kann man als sehr bescheiden bezeichnen, denn es gab keine sanitären Einrichtungen darin und selbst die Beheizung stellte meistens ein Problem dar. Da es selbst zu Zeiten, als die Kanalisation in Neubrandenburg eingerichtet war, diese in den Ringstraßen nicht gab, flossen die Abwässer in der Mitte derselben, so daß geruchsempfindliche Menschen die Straßen doch lieber mieden. So sehen wir heute die Situation der Wiekhausbewohner mit einem doch sehr romantisch verklärten Blick. Die Last des Lebens trugen die Erwachsenen, für die Kinder sah es sicher etwas anders aus, denn sie hatten im Wall einen idealen Spielplatz.

Die nicht ausgebauten Wiekhäuser verfielen, so daß um 1900 kaum noch ihre ursprüngliche Form erkennbar war. Der Neubrandenburger Museumsverein, der sich der Geschichte der Stadt und somit auch ihrer Wehranlage besonders verpflichtet fühlte, hatte die Idee, eines der alten Wehrhäuser zu rekonstruieren und somit Aussehen und Funktion der Nachwelt zu dokumentieren. Das erste Wiekhausfragment östlich

Die Grußkarte aus Neubrandenburg von 1900 verdeutlicht, daß sich das Konzerthaus innerhalb von zehn Jahren zum größten Lokal Neubrandenburgs gemausert hatte. Besonders der Garten mit 2 000 Sitzplätzen war bei einer Einwohnerzahl von 10 000 zu dieser Zeit enorm.

Der große Saal des Konzerthauses Reimann konnte sowohl für große Festtafeln als auch für Konzerte genutzt werden. Bei Konzerten fanden 800 Personen Platz. Die gute Akustik des Saales ließ die Konzerte zu einem musikalischen Genuß werden.

des Eisenbahntores war für dieses Vorhaben geeignet. Von Anna Saur gab es noch eine Zeichnung von dem dem Eisenbahntor zum Opfer gefallenen Wiekhaus, das in seiner Originalität am besten erhalten war. 1912 konnte das rekonstruierte Kampfhaus der Öffentlichkeit übergeben werden und dient uns heute noch zur Anschauung der Wehrhaftigkeit der Stadt.
Die Doppelwallanlage mit dem Drei-Graben-System war ein wesentlicher Bestandteil der Wehranlage, da sie das Vordringen zur Mauer wesentlich erschwerte. Ihre Entstehung in dieser Form ist wahrscheinlich auch mit dem Bau der steinernen Wehranlage zu datieren, obwohl auch die Palisade durch eine ähnliche Anlage geschützt war. Um die Gräben zu bewässern, waren umfangreiche Wasserbaumaßnahmen zu bewältigen. Der von Burg Stargard kommende Bach wurde hierzu begradigt und in das Grabensystem geleitet. Leider gibt es keine Nachricht darüber, wie die Bürger dafür Sorge trugen, daß die Wälle vom Baum- und Strauchbewuchs freigehalten wurden. Das war erforderlich, denn ein mit Bäumen und Sträuchern bewachsener Wall hätte Angreifern das Heranschleichen an die Mauer

erleichtert. Inwieweit die Tierhaltung in dieser Zeit dazu benutzt wurde, ist nicht bekannt. Da im 16. und zu Beginn des 17. Jahrhunderts keine wesentlichen kriegerischen Ereignisse in der Region stattfanden, kann es in dieser Zeit zu einem stärkeren Bewuchs des Walles gekommen sein. In einer Studie von 1987 wird die älteste Eiche auf dem Wall mit 405 Jahren datiert. Nach dem 30jährigen Krieg begann eine neue Phase im Dasein des Walles. Ob die Feststellung von Ahlers zutrifft, daß es Sitte wurde, Doppeleichen durch Jungvermählte zu pflanzen, ist nicht schriftlich belegt. Standorte derartiger Bäume lassen aber diese Vermutung zu, und es wäre ein Brauch, der die Neubrandenburger ehrt. Es begann nun die ökonomische Nutzung des Walles. Ein Teil wurde Hudewald, der eine Entwicklung prächtiger Eichen zuließ. Damit entstand auch die Möglichkeit der Mastung auf dem Wall. Diese wurde im Herbst durchgeführt und war eine wesentliche Einnahmequelle für die Stadtkasse, wie wir den alten Ratsprotokollen des 18. Jahrhunderts entnehmen können. Die Besitzer der Gärten, die im Osten der Stadt an den Wall grenzten, baten in der ersten Hälfte des 18. Jahrhunderts um die Genehmigung zur Anlegung von Fischteichen in den Gräben. Dieses wurde gestattet. So hatte nun Neubrandenburg in seiner ehemaligen Wehranlage Karpfenteiche. Was die Freude der einen war, wurde zum Ärgernis für andere. So ein stehendes Gewässer, das Bäume umgab, brachte nach einiger Zeit üble Gerüche mit sich. Auch vermuteten andere Bürger, daß die Teiche ihren Brunnen das Wasser nahmen. Nun hatte Neubrandenburg einen fast 150 Jahre andauernden Streit zwischen den Betreibern der Fischzucht und ihren Gegnern.

Mit Beginn der Nutzung des Walles auch zur Erholung kann eigentlich seit dem Jahr 1776 gesprochen werden. In diesem Jahr setzten die Neubrandenburger dem Fabeldichter Christian Fürchtegott Gellert (1715 – 1769) ein Denkmal. Ob Neubrandenburger Gelehrte eine persönliche Verbindung zu Gellert hatten, ist nicht überliefert, aber mehrere der Aufklärung verbundene Bürger, allen voran der Landsyndikus Pistorius, stellten 1775 an den Rat den Antrag, ein Denkmal aufstellen zu dürfen.

Mit dem Herzog Adolf Friedrich IV. müssen vorher Gespräche geführt worden sein, denn im Ratsprotokoll heißt es: »Verschiedene hiesige Verehrer des verewigten Professor Gellert aus Leipzig sind willens, demselben ein Monument, wozu der Durchlauchtigste Herzog eine steinerne Urne geschenket haben, auf dem Wall vom Neuen Tor bis zum Stargardischen Tor zu setzen, und haben um die Obrigkeitliche Erlaubnis dazu Ansuchung getan.« Die Erlaubnis wurde erteilt und so kam Neubrandenburg zum ersten Denkmal. Nur vier Jahre später entstand eine zweite Erinnerungsstätte auf dem Wall. Diesmal war es eine Grabplatte aus grauem Muschelkalk mit der Inschrift:

»Land Syndikus
G. Pistorius
ein Mecklenburger
geboren 1708
gestorben 1780
und nie vergessen C. H. z. M.«

Pistorius, der uns schon bei den Gebrüdern Sponholz begegnet ist, war aus hygienischen- und Pietätsgründen ein konsequenter Gegner der Bestattungen in den Innenstädten. Gerade die Neubrandenburger hatten ihre Probleme damit, wenn die Anwohner des Marienkirchplatzes Gänse und Schweine auf den Gräbern weiden ließen. Schon 1772 bat er um Erlaubnis, sich eine Grabstätte auf dem Wall aussuchen zu dürfen. Diesem Anliegen stimmte sowohl der Rat als auch der Herzog zu. Pistorius wollte damit ein Zeichen setzen, denn die Forderung, Friedhöfe außerhalb der Innenstädte anzulegen, war nicht neu. Am 9.12.1780 starb Pistorius und wurde gemäß seiner Anordnung »in einem weißen flanellenen Schlafrocke, mit einem Eichenkranz auf dem Haupt, in einem aus vier tannenen Brettern einfach zusammengeschlagenen Sarg« auf dem sogenannten langen Wall bestattet.

Es dauerte noch 25 Jahre, ehe die Neubrandenburger ihren Friedhof vor die Tore verlegten. Am 8. Oktober 1805 weihte Pastor Samuel Alban den neuen Friedhof vor dem Neuen Tor ein. Daß das Pistoriusgrab nicht die erste Grabstätte auf dem Wall war, kam erst 1991 ans Tageslicht. Als die Telekom neben dem Friedländer Tor einen Kabelgraben durch die Wallanlage zog, stießen sie auf die Gebeine der 1631 getöteten schwedischen Soldaten, die die Neubrandenburger in einem Wallgraben bestattet hatten.

Ein Kuriosum entstand 1835 im Wallgrund beim Treptower Tor. Die Versuche, zum wirtschaftlichen Aufschwung zu kommen, waren in dieser Zeit sehr vielfältig. Der Knopfmacher Bamberg kam auf die Idee, dem Import chinesischer Seide entgegenzuwirken und selbst das Geschäft mit dem begehrten Stoff zu machen. Er pflanzte mit Genehmigung des Rates Maulbeerbäume an, um die Futtergrundlage für eine Seidenraupenzucht zu schaffen. Bamberg hatte leider nicht den Mut, sein Unternehmen durchzusetzen und gab sein Vorhaben nach wenigen Jahren auf. So können wir heute leider nicht mehr die süßen Früchte des Maulbeerbaums genießen.

Wenden wir uns nun den Gebäuden auf dem Wall zu. 1760 wurde zwischen dem Neuen Tor und der Turmstraße das Schützenhaus erbaut. Dieser Neubau war notwendig geworden, da das alte Gebäude, das schon in den Privilegien im 17. Jahrhundert genannt ist, auf Grund seiner Baufälligkeit abgerissen werden mußte. Der Schützenwall schloß sich in Richtung Friedländer Tor an.

Am Anfang des 19. Jahrhunderts begann man den Ausbau des Walles zu einer Promenade, so daß die Schützen ihre Schießübungen nicht mehr durchführen konnten. Es stand also dem Umbau des Schützenhauses zu einer beliebten Gaststätte nichts mehr im Wege. Vor allem Vereine nutzten das Lokal für ihre Veranstaltungen, denn Saal und Garten boten alle Möglichkeiten für die verschiedensten Vereinsfeste. Man war unter sich und störte keine Anwohner. Turner, Radfahrer, Sänger zogen nun hier ein und entfalteten ein fröhliches Vereinsleben.

Wahrscheinlich in den 70er Jahren des 19. Jahrhunderts war der Wall östlich des Stargarder Tores planiert worden, denn man hatte dort am 25. April 1871 die Friedenseiche gepflanzt. So hieß sie noch bei Ahlers, später nannten sie die Bürger Kaisereiche. Auf dem freien Platz davor stand ein Fachwerkhaus, welches sich ein Neubrandenburger Apotheker hatte erbauen lassen. Haus und Grundstück erwarb in den 80er Jahren die Familie Zeisig. Sie legte einen prächtigen Garten um das Haus an, in dem sie oft Freunde und Bekannte bewirteten. Die zweimal verwitwete Frau Zeisig hatte mit ihrem ersten Mann das Gasthaus »Zum schwarzen Adler« in Frankfurt/a. O. betrieben und sie war außerdem eine geschickte Gärtnerin. So wurde der Grundstein zum späteren Konzerthaus Reimann gelegt.

Neubrandenburg blickte zu dieser Zeit auf eine gepflegte Musiktradition zurück. Im alten Schauspielhaus hatten musikalische Soireen stattgefunden und in den besten Hotels begeisterten musikalische Programme immer wieder ein aufmerksames Publikum. Gesangvereine existierten seit dem ersten Drittel des 19. Jahrhunderts, auch die Kirchenmusik leistete Hervorragendes.

1864 wurde der Neubrandenburger Bahnhof der Friedrich-Franz-Eisenbahn eingeweiht. Trat der ankommende Reisende aus dem Bahnhofsgebäude, empfing ihn das Grün der Bäume des Bahnhofvorplatzes und des Walles.

1884 wurde der Südbahnhof in Betrieb genommen. Er war durch die 1883 erfolgte Gründung der Mecklenburgischen Südbahn-Aktiengesellschaft entstanden, an der die Städte Parchim, Lübz, Waren, Penzlin und Neubrandenburg beteiligt waren. 1945 wurde dieser Bahnhof zerstört und nicht wieder aufgebaut. Daß zwei oder mehr Bahnhöfe in einer Stadt existieren, ist nicht ungewöhnlich, aber daß sie direkt nebeneinanderliegen, ist doch etwas merkwürdig.

Großherzogin Elisabeth (1857 – 1933) war eine Geborene von Anhalt. Sie war 1906 Namensgeberin für die I. Wallstraße.

Der Blick in die Elisabethstraße zeigt die Villen und Vorgärten gegenüber dem Wall. Die Doppelvilla in der Mitte teilten sich der Bauunternehmer Jaeger und der Kaufmann Metelmann. Von 1890 bis 1895 war im Obergeschoß das erste Domizil der Städtischen Kunstsammlung.

1880 gründete sich der Konzertverein. Dieser wollte für die Neubrandenburger Musikliebhaber Konzerte organisieren und es gelang ihm, bedeutende Orchester und Solisten nach Neubrandenburg zu holen. Probleme machte es, einen entsprechenden Saal zu finden. Zehn Jahre nutzte der Verein den Saal des Fürstenhofes, aber auf Grund seiner Baufälligkeit war ein Ende abzusehen. Andere Säle waren zu klein, so daß sich für die Familie Zeisig die Gelegenheit ergab, auf dem großen Grundstück einen Konzertsaal zu bauen.

Am 14. November 1890 kam der große Augenblick, das erste Konzert fand im neuen Saal statt.

Entsprechend euphorisch klingt auch der Zeitungsbericht: »Die gewaltige Pianistin, Frau Teresa Carrenno, ..., entfaltete auch gestern Abend wieder in dem großen Programm eine solche staunenswerthe und für die, welche die Künstlerin noch nicht gehört haben, geradezu unglaubliche Technik, daß die Wogen des Beifalls so hoch gingen, als nur möglich ... Die Gewalt des Tones und die Macht der geistigen Erfassung machte in den Schumann'schen sinfonischen Etuten einen colossalen Eindruck; die stürmenden Octaven in der Liszt'schen Polonaise rissen Alles mit sich fort, und neben diesen gewaltigen Leistungen zeugten die kleinen Bach, Händel, Hiller und Bocherini'schen Stücke von einer so vollendeten Fein- und Kleinmalerei, wie sie nur gottbegnadeten Künstlern zu Gebote steht ... Das Concert war das erste im neuen Saale, es zeigt sich, daß derselbe ganz vorzügliche Akustik hat ... Das Concert wurde durch die Anwesenheit I.I. K.K. H.H. des Großherzogs und der Großherzogin verherrlicht. Die Allerhöchsten Herrschaften sprachen nach dem Concerte den Künstlerinnen auf's Huldvollste Ihre Anerkennung aus. Der Besuch des Concerts war ein außergewöhnlich zahlreicher und waren wohl mehr als 750 Personen bei demselben zugegen.«

Das Haus am Pferdemarkt 1, gegenüber dem Friedländer Tor, bildete den Übergang zu den Wallstraßen. Jahrzehntelang gaben hier die Schwestern Ida und Else Schulz privaten Musikunterricht.

Das 50. Konzert des Vereins fand am 25. Februar 1892 im Zeising'schen Konzerthaus statt. Dazu hatte der Verein die Berliner Philharmoniker unter Leitung ihres Dirigenten Hans von Bülow gewonnen. Das Orchester war gerade von einer Amerika-Tournee zurückgekommen, auf dem es begeistert gefeiert wurde. Nun spielten sie in Neubrandenburg ihr Beethoven-Programm mit der 1. und 5. Symphonie, der Coriolan-, Egmont- und Leonoren-Ouvertüre. Eine Leistung, die sowohl die Musiker voll forderte, aber auch vom Publikum alles abverlangte und heute noch Hochachtung verdient.

Das Konzerthaus, das durch den Sohn aus erster Ehe, Herrn Max Reimann, später übernommen wurde, war nun sehr bald eine Institution. Ständige Erweiterungen des Konzertgartens und neue Bauten, wie Musikpavillon, Springbrunnen, Grotte und Spielmöglichkeiten für Kinder, boten vielen Gästen Unterhaltung und Entspannung. Der große Konzertsaal wurde zum kulturellen Mittelpunkt der Stadt. Stilvoll ausgemalt

Das 1905 von der »Hagelkasse« bezogene Gebäude war architektonisch die Attraktion der II. Wallstraße.

Beim Blick in die III. Wallstraße entdecken wir im Vordergrund das kleine Haus der Schwestern von Oertzen. Dahinter ragt die Villa des Kaufmanns Isidor Heine hervor.

Von der Bootsanlegestelle am Oberbach vor der Vierrademühle konnte man sehr gut die beidseitige Bebauung der Straße »An der Linde« erkennen.

von Josef Alterdinger fanden hier fast 800 Konzert- oder Theaterbesucher Platz. Der Konzertverein sorgte weiterhin für die Auftritte großer Klangkörper und Solisten, wie Eduard Strauß mit dem Orchester des Neuen Wiener Konzertvereins, der Berliner Hof- und Domchor, Fericcio Busoni, Eduard Erdmann, Elisabeth Jeppe, Clotilde Kleeberg, Issay Barnas, Elsi Playfair und viele mehr. Aber auch die Verehrer der leichteren Muse kamen zu ihrem Recht mit den Comedian Harmonists, der Niederdeutschen Bühne und den vielen Reuterlesungen mit Ludwig Sternberg. Varietéveranstaltungen der Malmströms oder der Auftritt der Donkosaken unter Sergej Jaroff riß die Neubrandenburger sicher zu Begeisterungsstürmen hin. Selbst Gret Palucca tanzte im Konzerthaus.

Nicht nur Musik- und Theaterveranstaltungen füllten das Konzerthaus. Bälle und Vereinsfeste fanden statt und Vortragsabende zu den verschiedensten Themen. Auch für andere Großveranstaltungen war das Konzerthaus bestens geeignet, so daß es nicht verwundert, daß Joseph Goebbels gemeinsam mit Leni Riefstahl hier auftraten. Beliebt waren die Kaffee-Konzerte an den Wochenenden im Garten, die auch die Gäste des Kurhauses und der Pensionen nach ihren Spaziergängen zur Stärkung mit Kaffee und Kuchen nutzten.

Im Dezember 1959 brannte das Konzerthaus, das nun Volkshaus hieß, nachdem es das Kriegsende heil überstanden hatte, ab, so daß leider nur die Erinnerung an große Ereignisse bleibt.

Der Mitte des 19. Jahrhunderts ins Leben gerufene Verschönerungsverein nahm sich besonders des Walls an. Die zu Beginn des Jahrhunderts erfolgte Gestaltung des Walls an den Toren wurde zielstrebig fortgesetzt. Schon im Freimüthigen Abendblatt vom 14.5.1824 war zu lesen: »Die Wälle, die stattlichen, der Stolz Neubrandenburgs, werden nun ausschließlich als Spaziergang benutzt, das sonst darauf wandelnde gehörnte Geschlecht ist verbannt, auch Schafen und Gänsen der Zutritt versagt. Es werden Bäume angepflanzt, den stehenden Lachen Abfluß verschafft, und wenn das letzte gelingt, so wird unsere Stadt in der That eine höchst angenehme Promenade besitzen.«

Angepflanzte Sträucher boten den Vögeln Unterschlupf und Nahrung. An den stattlichen Bäumen brachten die Naturfreunde und Mitglieder des Tierschutzvereines Nistkästen an, so daß ein Spaziergang nicht nur den Augen, sondern auch den Ohren Sin-

nesgenuß verschaffte. Nachtigall und Rotkehlchen, Amsel und Fink, Meise und Drossel tummelten sich im Gesträuch und in den Wipfeln der Bäume. Bänke luden zum Verweilen, Ausruhen und Lauschen des Vogelkonzerts ein.
Mit der Fertigstellung der Eisenbahn und dem ersten Durchbruch an der Nordseite des Mauerringes begann auch Neubrandenburg aus der Wehranlage herauszuwachsen. Gab es 1856 außerhalb der Mauer nur zwei ganze-, zwei halbe- und 10 bewohnbare Sommer-Häuser, so kam es jetzt zu einer regen Bautätigkeit. Der Villenring schloß sich an den grünen Kranz an und ein neuer Erlebnisbereich Stadt entstand. Die Bequemlichkeit der Bürger forderte aber auch einen schnellen Zugang zum Stadtinnern. Die Folge waren Mauerdurchbrüche auf den längeren Strecken zwischen den Toren. Innerhalb von 20 Jahren wurde die Mauer an acht Stellen durchbrochen: 1886 am Ende der Beguinenstraße, 1895 Pfaffenstraße, 1896 neben dem Friedländer Tor, 1897 Krämerstraße, 1899 Turmstraße, 1901 Große Wollweberstraße, 1904 Darrenstraße, 1906 neben dem Treptower Tor und als letztes folgte der Durchgang neben dem Stargarder Tor. Die Durchgänge neben den Toren waren für die Fußgänger gedacht, denn der Straßenverkehr durch die Tore nahm ständig zu.
Die zum Teil noch bewässerten Wallgräben wurden mit weißgestrichenen Holzbrücken überquert. So bot die Wallanlage noch romantischere Sichten. Man begegnete den die kinderausfahrenden Mädchen genauso wie den spazierengehenden alten Herren. Manche Jugendliebe wurde im Schatten der mächtigen Eichen oder in den etwas geschützteren Abschnitten, die durch dichtes Buschwerk verdeckt waren, besiegelt.
Vor den Toren wurden kleine Fachwerkhäuschen als Trinkhallen eingerichtet, so daß Erholungsuchende sich stundenlang auf dem Wall ergehen konnten.
30 Jahre nach der Öffnung der Mauer, im ersten Adreßbuch der Stadt von 1893, finden wir schon folgende Straßen außerhalb der Ringmauer: Bernhardstraße, Friedländer Chaussee, Fritz-Reuter-Straße, I. und II. Grünstraße, Haidenstraße, Ihlenfelder Straße, Johannesstraße, Kleine Krauthöferstraße, Kuhdamm (später Jahnstraße), An der Linde, Molkereistraße, Morgenlandstraße, Neuer Weg, Neustrelitzer Chaussee, Am Pferdemarkt, Am Schützenwall, Am Sonnenkamp, Speicherstraße, Südbahnstraße, Treptower Chaussee, Treptower Damm, Voßstraße, I. bis III. Wallstraße, I. bis

Die nach 1900 entstandenen Villen bildeten das Ende der Bebauung der Straße »An der Linde«.

Die romantischen Holzbrücken über den äußeren Wallgraben, der von der Linde gespeist wurde, boten den Innenstadtbewohnern einen schnellen Zugang zum See.

Die Häuser in der Moltkestraße, die vom Stargarder zum Neuen Tor führte, bildeten den Anfang der Bebauung auf der Ostseite der Stadt außerhalb der Wehranlage.

Die Villen am Schützenwall schlossen direkt mit ihren Vorgärten an den Wall an. Die Tiedtsche Villa verdeutlicht die idyllische Lage der Gebäude.

Vor dem Friedländer Tor war 1910 das Hauptzollamt erbaut worden. Mit dem Beitritt Mecklenburgs in den Zollverein 1867 war das Großherzogliche Hauptzollamt die Strelitzische Verwaltungs- und Hebestelle für die Zölle und Reichssteuern. Da ständig neue Steuern eingeführt wurden, machte sich dieser gewaltige Bau erforderlich, um den Beamten ausreichend Arbeitsräume zu bieten.

V. Werderstraße, wobei die II. und IV. noch nicht bebaut waren, aber man hatte schon die Grundstücke zur Bebauung vergeben.
Insgesamt waren in dieser Zeit 218 Villen und kleinere Wohnhäuser entstanden, dazu kamen noch einige Werkstätten und Kleinbetriebe.
Ob die Villenbesitzer der Wallstraßen mit ihrem Straßennamen unzufrieden waren und eine Umbenennung forderten, ist so recht nicht mehr nachvollziehbar. Das Großereignis vom 1. Juni 1906 führte jedoch zu zwei neuen Straßennamen.
1904 hatte Adolf Friedrich V. und seine Gemahlin Elisabeth den Großherzoglichen Thron in Neustrelitz bestiegen und die Neubrandenburger Honoratioren waren zur Huldigung nach der Residenz gefahren. Endlich war es soweit, das Großherzogpaar erschien in Neubrandenburg, um sich der Bevölkerung seiner Vorderstadt zu zeigen. Hans Wendt verfaßte aus diesem Anlaß ein Begrüßungsgedicht:
»Der Wald ist grün, der Mai ist ganz erglommen,
Die kleinste Hütte strahlt im Festgewand,
Willkommen, edles Herrscherpaar, Willkommen!
Dich grüßt Dein Volk, Dich grüßt Dein Heimatland!
Und jubelnd drängt sich Greis und Mann und Kind
In festlichem Gewühl um Deinen Wagen:
Trozig und treu wie diese Mauern sind,
Sind auch die Herzen, die darinnen schlagen!«
Der Jubel bei diesem Ereignis war groß. Reden wurden gehalten und Geschenke überreicht und auch die Bitte ausgesprochen, die Wallstraßen zu Ehren des Herzogpaares umbenennen zu dürfen. Huldvoll wurde dieser Bitte entsprochen. Vom Pferdemarkt bis zum Bahnhof hieß nun die ehemalige erste Wallstraße Elisabeth- und die beiden anderen Adolf-Friedrich-Straße.
Diese Straßen waren eine vornehme Wohngegend. Kaufleute und Rentiers, Ärzte und Gutsbesitzer, also wohlhabende Stadtbürger hatten sich hier angesiedelt. Gepflegte Vorgärten zierten die Grundstücke, die die Spaziergänger bewundern konnten.
Ein halbes Jahr vor der Straßenumbenennung wurde ein prächtiger Bau in der II. Wallstraße fertiggestellt und bezogen. Diese Institution, die ihn errichten ließ, blickte zu diesem Zeitpunkt auf ihr 108jähriges Bestehen zurück und war die erste dieser Art in Europa. Die für die Ernteerträge zu großen Verlusten führenden Hagelschläge hatten die Gutsbesitzer und Landwirte dazu gebracht, über möglichen Schadenersatz nachzudenken. Was lag näher, als eine Versicherung ins Leben zu rufen, die im Schadensfall eine finanzielle Hilfe bot. 1797 kam es zur Gründung der Hagelschaden-Assecuranz in Neubrandenburg. Ursprünglich nur auf Mecklenburg-Strelitz ausgerichtet, breitete sich die Gesellschaft sehr schnell über die Landesgrenzen aus. Die Ausweitung des Geschäftsbereiches vollzog sich sehr schnell, nachdem 1801 die Mobiliar-Brand-Assecuranz hinzukam. Im Volksmund hieß sie nur die »Hagelkasse«, die in der Kleinen Wollweberstraße ihre bescheidenen Geschäftsräume hatte. Das große Interesse an der Gesellschaft brachte einerseits bald ein beträchtliches Stammkapital ein, andererseits half sie vielen Betroffenen aus der Not. Zu ihrem goldenen Jubiläum hielt kein Geringerer als Adolf Glaßbrenner einen Toast, welcher mit der ihm eigenen Satire gewürzt war: »Meine Herren! Als ich aus meinem durstigen Vaterlande Preussen nach Ihrem gesegneten Meklenburg übersiedelte; als ich zum ersten Male in der Lorenz'schen Gastfreundschaft einer Feier des Hagel-Assecuranz-Vereins beiwohnte und die staunenswerthe Menge von Rothwein und Champagner betrachtete, welche ihrem schönen Zweck entgegengeführt wurde: da, meine Herren, begriff ich nicht, wie der Hagel je so viel Schaden thun könnte, als die Siegesfeier seiner ehrenwerthen Gegner in Anspruch nahm. Seit dieser Zeit ist mir die Wichtigkeit des Hagels klar geworden ... Mir gehört kein Gut, mir gehören aber, wie Jedem, der kein Philister ist, die Güter der Menschheit, und für

Die Bernhardstraße führt von der Adolf-Friedrich-Straße zur Jahnstraße. Rechts auf dem Foto, leider nicht sehr gut zu erkennen, steht die schönste Jugendstilvilla Neubrandenburgs. Hoffen wir, daß die gegenwärtige Restaurierung sie im alten Glanz wieder erstrahlen läßt.

Die städtebauliche Anbindung vor dem Treptower Tor zum St. Georg begann relativ spät. Das Gartenlokal »Büngers Garten« machte den Anfang, dann erfolgte die zweiseitige Bebauung des Treptower Damms, der nach 1900 den Namen Rostocker Straße erhielt.

Die herrliche Lage vor dem Stargarder Tor in Richtung See wurde nach 1905 genutzt, um kleine Villen zu errichten. Nun erfolgte auch die Bebauung der ehemaligen Spazierwege zum See und es entstanden die Schwedenstraße, der Windbergs- und der Badeweg als Wohngegend.

diese habe ich gewirthschaftet und wirthschafte fortwährend, so viel in meinen schwachen Kräften steht. Ich pflüge auf dem Felde des Bürgerwohls; ich suche die Raupen zu vertilgen, die am Baume der Freiheit die Blätter fressen; ich behandle das Rindvieh, wie es behandelt werden muß; ich bin gegen den jesuitischen Reineke zu Felde gezogen, und die frommen Schafe, die mit gesenkten Schafsköpfen den geistigen Frühling anblöken, scheere ich so oft es mir möglich, und es ist nicht meine Schuld, wenn sie noch in der Wolle sitzen und gemelkt werden, um die schwindsüchtige Reaktion zu stärken. – Aber über die Bedeutung des Hagels war ich, wie gesagt, in vollkommenster Unwissenheit, bevor ich hier so viele ehrenwerthe Herren den Sieg über ihn mit Flaschen-Batterien und Kork-Abknallen feiern sah. Der Hagel selbst soll wie aus allen Wolken gefallen sein, als er seine schädliche Macht in solcher Weise anerkannt fand. Nun erst begriff ich, was Hagel sei; nun erst fand ich einen Namen für den Niederschlag auf meinen Gütern, auf den Gütern der Menschheit. Ach ja, meine Herren, auch da hagelt es! ... Es hagelt Censurstriche, Ausweisungen von Volksmännern und Schriftstellern; es hagelt Verbote gegen Bücher und Vereine; es hagelt Flintenschüsse in Leipzig, rothe Adlerorden und weiße Pfäffchen in Preußen, Mönchskutten und Nonnenfürzchen in Baiern, Augenklappen in Östreich und Pech in Frankfurt a. M. ... Ja, meine Herren, den Hagel in meiner Rede habe ich nun niederprasseln lassen, um Sie desto empfänglicher für die Sonnenblicke der Liebe, des Patriotismus, der Wohlthätigkeit zu machen. Meine Rede ist eine schlechte, unkünstlerische; wenn sie aber ihren edlen Zweck erreicht, so soll sie mein literarischer Stolz sein, so rechne ich diesen Tag mit zu den schönsten meines Lebens und Strebens.«

Die Hagelkasse war eine Zierde der Adolf-Friedrich-Straße. Aber auch diesen Bau können wir heute nicht mehr bewundern. Nach ihrem Umbau nach 1945 hat sie ihren Charme verloren.

Während die Bebauung der Wallstraßen nur einseitig war, zwischen den Villen und dem Wall lag der Damm, erfolgte der Ausbau An der Linde beidseitig ab dem Treptower Tor.

An die Ringbebauung der Wallstraßen schloß sich sehr bald das später im Volksmund so genannte »Nachtjackenviertel« an. Die Nacht- oder Hausjacke als Zeichen eines gewissen Besitzstandes verdeutlichte

Das am Eingang der Jahnstraße 1904 eingeweihte Denkmal mit der Büste Friedrich Ludwig Jahns wurde von der Neubrandenburger Turnerschaft gestiftet. Die Jahnstraße, früher der Kuhdamm, war der Weg zum ersten Neubrandenburger Turnplatz, der 1815 erbaut wurde.

die Herkunft der Bewohner des Viertels. Mit Hilfe der Straßennamen ehrten die Neubrandenburger in diesem Viertel Persönlichkeiten. Da es z. B. mit dem Reuterdenkmal auf Grund des Geldmangels nicht so schnell ging, gab man wenigstens einer Straße im Viertel seinen Namen. Weitere folgten, so die Voß- und die Kleiststraße. Auch dem Turnvater Jahn zu Ehren erfolgte die Umbenennung des Kuhdammes. Ursprünglich führte dieser Weg zur städtischen Weide. Allerdings hatte Konrektor Milarch 1815 dort einen Turnplatz angelegt. Die sportlichen Übungen, die Herr Fritze mit seinen Zöglingen und Anhängern betrieben hatte, waren noch in guter Erinnerung. Milarch, der mit seinen sechs Primanern in den Befreiungskrieg gegen Napoleon gezogen war, hatte die Erkenntnis gewonnen, daß sportliche Ertüchtigung jungen Leuten nicht schaden könne.
Die Werderstraßen, die zwischen der Linde, dem Oberbach und dem Werderbruch entstanden, hatten eine idyllische Lage. Die ersten beiden behielten ihre Namen, während die anderen in Goethe- und Schillerstraße umbenannt wurden, was für das gute Verhältnis der Neubrandenburger Stadtväter zur deutschen Klassik spricht.
Heute sind diese Viertel der Rest der historischen Bausubstanz, da im Stadtkern durch den Brand 1945 kaum etwas erhalten ist.
Mit der Zunahme der Bevölkerung um die Jahrhundertwende wurde immer mehr Wohnraum benötigt, so daß das Baugeschehen außerhalb der Ringmauer zunahm. Vor allem Ein- und Zweifamilienhäuser waren gefragt. Außerdem waren Häuser auch eine gute Geldanlage und mancher betuchte Berliner ließ sich in Neubrandenburg eine Villa bauen. Die Neubrandenburger Bauunternehmer Greuel, Ringel und Seegert hatten Hochkonjunktur, aber auch Architekten aus Berlin und anderen Städten fanden in Neubrandenburg ihr Betätigungsfeld.
Das Baugeschehen zog sich immer mehr von der Bebauung der Wallstraßen und An der Linde in das Hinterland. In Richtung Süden vor dem Stargarder Tor in die Neustrelitzer Chaussee, die Schwedenstraße, den Bade- und Windbergsweg zum See.
Die Erweiterung in Richtung Osten erfolgte von der Moltkestraße, die vom Stargarder Tor zum Neuen Tor führte, in Richtung alter Stadthof in das später sogenannte »Feldherrenviertel«. Straßen und Plätze führten die Namen Gneisenau, York, Roon Hindenburg, Blücher. Bausenator Giesecke hatte mit dem Bebauungsplan, der in seinem Entwurf schon 1907 vorlag, entsprechende Konzeptionen auch für die Villenviertel erarbeitet.
Die Erweiterung in Richtung Norden war vom Friedländer Tor in Richtung Bahnhof durch die Eisenbahngleise nicht möglich. Hier waren hinter der Ringbebauung nur Bauten für die Güterabfertigung entstanden, ausgenommen die Pommersche Eisengießerei, die ihre Gebäude am Anfang der I. Wallstraße errichtet hatte. Eine Sonderstellung nahmen die Villen Am Schützenwall ein. Sie waren mit ihren Grundstücken an den Außenwall angeschlossen und konnten so direkt aus ihren Vorgärten die Wallübergänge benutzen. Die Fahrstraße lief hinter den Grundstücken als Kleine und Große Krauthöferstraße.
In den zwanziger Jahren hielt sich das Baugeschehen, der wirtschaftlichen Situation in ganz Deutschland geschuldet, merklich in Grenzen. Es entstand die Vorstadtsiedlung nördlich der Gleisanlagen, im Volksmund »Klein Kleckersdorf« genannt, da zu Beginn noch keine rechte Systematik in der Bebauung zu erkennen war. Auch die Bevölkerung wuchs in dieser Zeit nicht mehr so sprunghaft an. In den 15 Jahren nach dem ersten Weltkrieg nahm die Zahl der Einwohner um 3 000 zu und stieg auf 15 000. Der große Aufschwung kam nach 1933. Neubrandenburg wurde von den Nationalsozialisten als Standort für die Rüstungsindustrie entdeckt. So wurden die Heberwerke von Berlin-Britz nach Neubrandenburg verlegt, die später als Mechanische Werkstätten Neubrandenburg für die Rüstung arbeiteten. Auch die Erhebung Neubrandenburgs zur Garnisionsstadt brachte einen Entwicklungsschub.
Für die Arbeiter und die Armeeangehörigen mußten Wohnungen gebaut werden. Ein-, Zweifamilien- und Reihenhäuser entstanden in Siedlungen im Norden der Stadt nahe der neuen Industriebetriebe. Innerhalb von acht Jahren wuchs die Bevölkerung um 9 000 Einwohner, und Neubrandenburg konnte in die Gemeindeklasse D der Deutschen Gemeindestatistik aufsteigen.
Trotzdem verlor die Stadt nicht ihren kleinstädtischen Charme und ihre Umgebung zog immer wieder Besucher und Erholungssuchende in ihren Bann.
Begeben wir uns also in das reizvolle Umfeld der Stadt, das nicht nur Reisende, sondern auch die Neubrandenburger nutzten, um sich von den Anstrengungen des Alltags zu erholen.

Die vor dem Treptower Tor arbeitende Vierrademühle war die erste Mühle, die die Stadtgründer mit Mehl versorgte. Die Aufnahme entstand um 1880. Das Speichergebäude, das uns heute durch seinen Efeubewuchs ins Auge fällt, stand zu diesem Zeitpunkt noch nicht.

Der Blick auf den Oberbach vom Dach der Vierrademühle zeigt den Ziegelprahm, der die Stadt mit dem wichtigsten Baumaterial aus der Wustrower Ziegelei versorgte.

Auf der Ostseite des Oberbaches waren um die Jahrhundertwende und später Wassergrundstücke entstanden. Hier konnte man gewissermaßen vom Fenster aus die Schwäne füttern, die sich auf dem Oberbach tummelten.

Zu Fuß, die Oberbachpromenade entlang, oder zu Wasser, mit dem Dampfschiff »Fritz Reuter«, war man schnell am See. Sonntags und in den Ferienzeiten bei schönem Wetter herrschte hier Hochbetrieb.

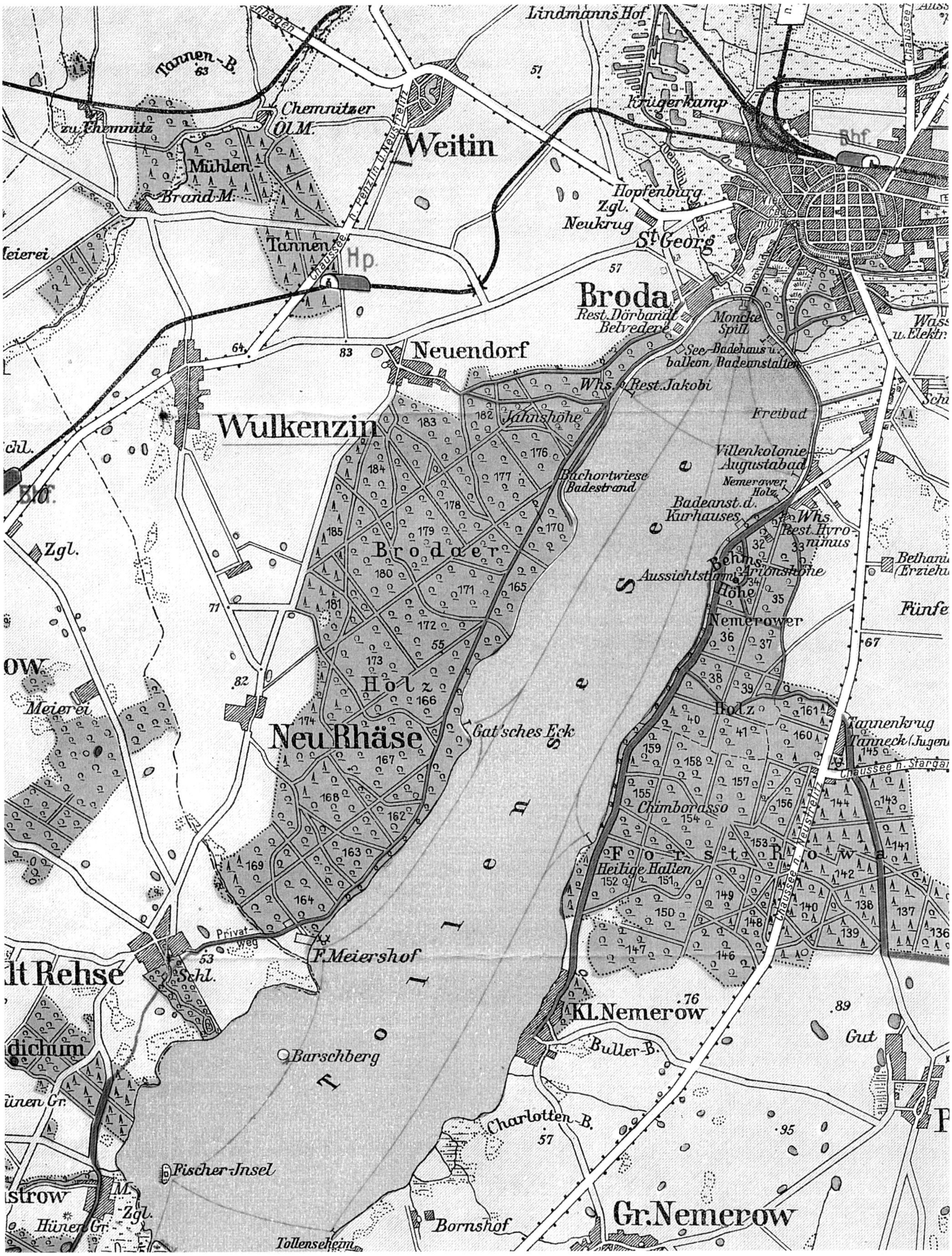

Die Wanderkarte von 1927 zeigt deutlich die ideale Lage Neubrandenburgs am Nordende des Tollensesees. Die Wanderwege führten durch die Waldgebiete an beiden Uferseiten, dem Brodaer und dem Nemerower Holz, die auch noch heute erhalten sind. Das Naturschutzgebiet am Südende des Sees ist durch seine Artenvielfalt bekannt.

Die Seehalle war nicht nur Anlegestelle für den Dampfer und andere Boote, sondern bot den Spaziergängern Erfrischungen und eine herrliche Aussicht über den See.

Verlassen wir die Stadt durch das Treptower Tor, fällt uns zuerst die Vierrademühle ins Auge. Schon 1271 in einer Urkunde erwähnt, war sie die erste Mühle der Stadt, die die Neusiedler mit Mehl für ihr täglich Brot belieferte. Brände und Zerstörungen im 30jährigen Krieg konnten die Entwicklung der Mühle nicht aufhalten. Der ständig steigende Bedarf zur Vermahlung des Brotgetreides führte zur Erweiterung der Anlage. Die mit vier unterschlächtigen Wasserrädern ausgestattete Mühle wurde durch das Wasser des Tollensesees betrieben. Mit der Anlage des Oberbaches nutzte man den See als riesigen Mühlteich. Über die Brücke biegen wir westlich des Oberbaches auf die Promenade zum See ein. Hier war die Anlegestelle für den Lastkahn der Wustrower Ziegelei und seit dem 3. Dezember 1884 auch für den ersten Dampfer auf dem Tollensesee, der mit dem Einverständnis von Luise Reuter den Namen »Fritz Reuter« erhielt. Die Fischer landeten hier ihren Fang an, und später holten die Motorboote die Gäste des Kurhauses Augustabad und der Pensionen der Kurhaussiedlung ab. Vereine und Gesellschaften schifften sich für Rundfahrten ein oder schipperten von hier zu den beliebten Ausflugszielen am See.

Spazieren wir die Promenade am Oberbach entlang, begleitet uns rechter Hand die alte Bleicherwiese mit dem Bleichergraben. Die Neubrandenburger Leineweber konnten hier ihr gerade gewebtes Rohleinen wässern und bleichen. Der hohe Grundwasserstand, den die unter der Wiese liegende Torflinse mit sich brachte, führte des öfteren im Winter zu Überschwemmungen des Geländes. Kam dann der Frost, wurde die Wiese zur Eisbahn, also ein Vergnügungspark für Kinder. Leider war die ganze Sache zu unberechenbar. So kamen die klugen Neubrandenburger auf den Gedanken, das Gelände in der kalten Jahreszeit auch künstlich unter Wasser zu setzen. Es entstand das Wintervergnügen Eiswiese am Ende des vorigen Jahrhunderts. Das hatte man jeden Winter. Groß und Klein wanderten, um sich auf Kufen zu bewegen, zur Bleicherwiese. Die einen schnallten sich die Schlittschuhe unter, andere kamen mit dem Peekschlitten, und die Vornehmen schoben die Damen im Stuhlschlitten. Um das Vergnügen zu erhöhen, fehlte noch die Möglichkeit, sich aufzuwärmen. Mitte November 1907 berichtete die Neubrandenburger Zeitung von dem Plan zum Bau einer Eisbahnhalle. Die Ausmaße sollten doch recht beträchtlich werden, denn man schrieb von einem Mittelraum, Nebenräumen, Garderobe und Erfrischungsraum. Am 16. Februar 1908 wurde schon die Fertigstellung in Aussicht gestellt. Der nächste Winter kam gewiß, in der Halle konnte man sich an heißen Getränken erwärmen und nach draußen erklang Musik, die das Laufvergnügen noch steigerte. Heute ist die Eiswiese bebaut, der Winterspaß vorbei und auch die interessante Flora, die im Sommer zu bewundern war, hier blühte beispielsweise die seltene Schachblume, ist verschwunden.

1784 bekundete Adolf Friedrich IV. die Absicht, eine Gondel auf dem Tollensesee schwimmen zu lassen und damit Lustfahrten zu unternehmen. Da er dieselbe nur im Sommer nutzte, bat er den Magistrat um die Erlaubnis, am Oberbach einen Bootsschuppen zu errichten. Das war der Beginn des Neubrandenburger Bootshafens, denn der Magistrat genehmigte selbstverständlich. Diese Anlage entstand östlich des Oberbaches, gegenüber der Promenade.

Nun haben wir schon den sogenannten Kropp, d. h. den Einfluß des Oberbaches erreicht und hier können wir erst einmal Rast machen. Schon 1868 stand hier eine Bude, die Spaziergängern Erfrischungen anbot. Diese wurden dann immer mehr ausgebaut, und somit zum beliebten Familienausflugsziel. Man konnte sein Kaffeepulver mitbringen, denn die Wirtin stellte immer kochendes Wasser zur Verfügung. Die Kinder hatten genügend Auslauf am Strand, die Eltern pflegten Konversation oder genossen den Anblick des Sees, beobachteten den ankommenden Dampfer und später die Motorboote.

Ostern 1923 brannte die Halle leider ab. Von Brandstiftung wurde gemunkelt, aber auch von heißer Sanierung. Weder das eine noch das andere konnte bewiesen werden. Es blieb nur die Anlegestelle für die Boote und selbst diese gibt es heute nicht.

Da liegt er nun vor uns, der Tollensesee, 17 km^2 Seefläche, 10 km lang, bis zu 2,5 km breit und über 30 m tief, eingebettet in steile Uferhänge, die mit mächtigen Eichen und Buchen bewachsen sind, und lockt Wanderer und Wassersportler, Badelustige und Sonnenhungrige. In der Eiszeit schürfte ein Gletscher diese Rinne in das Land, die sich mit Wasser füllte. So wird ihn der Geologe sehen. Archäologen fanden an seinen Ufern die Spuren menschlichen Lebens, das einige tausend Jahre zurückreicht. Germanen und Slawen siedelten hier, nutzten den Reichtum des Landes und des Sees, der ihnen Lebensmöglichkeiten bot.

Als nach 1236 die Prämostratenser am Nord-West-Ende des Sees ihr Kloster errichteten, werden auch sie von der Landschaft und der ökonomischen Nutzungsmöglichkeit des Sees angetan gewesen sein.

Der Name »Tollense« taucht erstmals in einer Urkunde vom 9. Juli 1271 auf. In ihr ist schon der Interessenkonflikt zwischen den »witten Herren« und den Neusiedlern, die ihre Stadt bauten, deutlich. Es ging um die Fische im See. Mehr als 200 Jahre währte der Kampf, denn erst 1498 wurden der See und die Rechte daran städtisches Eigentum. Im Mittelpunkt stand in dieser Zeit und bis in das 19. Jahrhundert immer der Wirtschaftsfaktor. Die Fischerei brachte der Stadtbevölkerung das wichtige Nahrungsmittel und die Stadtkasse wurde durch die Verpachtung gefüllt.

Das Ufer des Sees war in 180 Watenzüge eingeteilt. Zwei bis vier Fischergehilfen warfen die Wate, das große Zugnetz, aus, und ernteten so den Fischreichtum des Sees. Das Geschäft war einträglich, denn als die Stadt 1671 in Konkurs ging, wurde die Fischerei mit einem Kapitalwert von 18 000 Talern veranschlagt.

Ernst Boll untersuchte 1853 den See auf seine Artenvielfalt und benannte 14 Fischarten, die im See heimisch waren: den Aal, die Aalquappe, den Wels, den Stint, den Hecht, die Karausche, den Blei, den Güster, den Witting, die Rotfeder, die Plötze, den Barsch, den Kaulbarsch und den Stichling.

Während bis zur Mitte des 19. Jahrhunderts nur die Fischer mit ihren Blockkähnen, einbaumartige Fahrzeuge, die im Volksmund Seelenverkäufer genannt wurden, den See befuhren, ausgenommen die herzogliche Gondel und der Lastkahn der Ziegelei, begann nun, mit der Entdeckung des Sees zur Erholung, sich eine »Flottille« von Ruderkähnen zu bilden, die die Möglichkeit bot, den See trocken zu überqueren.

Der Fortschritt kam 1877 mit einem ersten Versuch nach Neubrandenburg. Eine Aktiengesellschaft hatte ein Dampfschiff bauen lassen, das per Eisenbahn angekommen, im Oberbach zu Wasser gelassen wurde. Leider fiel die Jungfernfahrt nicht zugunsten der Aktionäre aus. Das Boot fuhr zwar hervorragend vorwärts, konnte aber nicht rückwärts manövrieren, so daß es für den Betrieb auf dem Tollensesee ungeeignet war. Sieben Jahre später hielt der Kaufmann Wöllert die Taufrede für den schon erwähnten Dampfer »Fritz Reuter«. »Wer nach vollbrachtem Tagewerke dem Dunste der Stadt entflieht, um auf dem See und in den köstlichen Wäldern am See Körper und Geist zu erfrischen und zu stärken, der wird auf diesem Boot die erfrischende Seeluft genießen und mit diesem Boote in die schönen Wälder eilen können und hier Stärkung und neue Frische zum weiteren Schaffen finden. Das ist der Zweck dieses Bootes und das ist ein herrlicher Zweck, die Menschen darauf hinzuweisen, daß die Freude an der Natur eine reine Freude und durchaus geeignet ist, bessere Gefühle in der Menschenbrust zu erwecken und zu beleben.« Also nicht – »Am Gelde hängt, nach Gelde drängt doch Alles« – war hier das erfreuliche Motto.

Danach häuften sich auch die Anträge auf private kleinere Fahrzeuge. Zwischen 1886 und 1925 wurden von der Stadt die Anträge für: 70 Boote, 152 Ruderboote, 43 Segelboote, 14 Segel-/Ruderboote, 43 Motorboote, 7 Paddelboote, 3 Kähne, 3 Caneos und 4 Schwertjollen, also 339 Wasserfahrzeuge genehmigt. Es kam richtig Leben auf den See. Die Angler saßen nicht mehr nur am Ufer, sondern holten sich ihre Zusatzmahlzeit vom Kahn aus. Die weißen Segel leuchteten in der Sonne oder blähten sich im Sturm. Motorboote pflügten ihre Furchen in den Spiegel des Sees. Auch die Fischer konnten nun ihre Muskelkraft zum Auswerfen oder Einholen der Netze und Reusen voll nutzen, sie ruderten nicht mehr über den See, sondern ließen ihr Boot von einem Motor antreiben.

Der Bootshafen am Oberbach weitete sich immer mehr aus, die Anzahl der Bootsschuppen nahm ständig zu.

Auf dem Oberbach herrschte an Sommertagen und an Wochenenden Hochbetrieb und Schwäne, Enten, Wasserrallen und andere Wasservögel mußten sich vor den dem See zustrebenden oder heimkehrenden Booten in Sicherheit bringen.

Ruderverein und Yachtclub ergriffen vom See Besitz.

Aber begeben wir uns wieder auf die Promenade und wenden uns der Westseite des Sees zu. Nach kurzer Wanderung grüßt uns das Belvedere. Seine Geschichte reicht in das 18. Jahrhundert zurück. Adolf Friedrich IV. wollte auch in seiner Sommerresidenz auf nichts verzichten. Palais, Marstall und Schauspielhaus waren vorhanden bzw. Räumlichkeiten, die genutzt werden konnten. Nun fehlte nur noch ein Jagdschlößchen, im Wald mit schönem Ausblick. Nach Reuters Roman soll ihn sein Kammerdiener darin bestärkt haben. Das Brodaer Holz, herzoglicher Besitz, Wald und Anhöhen, bot sich förmlich dazu an. So ließ Dörchläuchting nach 1775 ein Sommerhaus erbauen. Der herrliche Blick über den See und auf seine Sommerresidenz werden ihn entzückt haben. Nach seinem Tod erhielt ein Neubrandenburger Privatmann die Genehmigung, das Haus abzureißen, denn die Nachfolger hatten kein Interesse daran. Mit dem Baumaterial wurde in der Beguinenstraße ein neues Gebäude errichtet, in das die Neubrandenburger Freimaurerloge einzog. Baumaterial war wertvoll und wiederverwendbar.

Die Großherzogin Marie war es, die den Standort wiederentdeckte und 1822 den Grundstein für ein neues Bauwerk legen ließ. Hofbaumeister Friedrich Wilhelm Buttel hatte in Form eines griechischen Tempels mit dorischen Säulen einen Profanbau entworfen, der der Großherzogin zusagte. Das Gebäude war geschlossen, bildete einen Saal mit Kassettendecke und einem Fries, der mit Gipsabgüssen klassischer Motive verziert war. 1920 wurde das Gebäude Landeseigentum. Nachdem Ende der zwanziger Jahre der Gedanke an ein Landeskriegerdenkmal aufkam, wurde auch das Belvedere ins Gespräch gebracht. 1934 erhielt Professor Tessenow, der kurze Zeit zuvor bei der Neugestaltung der Schinkelschen Wache in Berlin mitgewirkt hatte, den Auftrag, einen Entwurf für ein Landeskriegerdenkmal für die Gefallenen des ersten Weltkrieges des Landes Stargard zu erarbeiten. Die Ausführung übernahm die Firma Jaeger. Der Tempel wurde nach zwei Seiten geöffnet und in der Mitte der Halle entstand ein Rondell mit einem Eisernen Kreuz. Unter dem Kreuz wurde eine Kassette mit den Listen der Namen der Gefallenen eingelassen. Hinter dem Gebäude wurde eine Freifläche angelegt, die nun doch recht militärischen Veranstaltungen diente. Hatte man auf diesem Platz 1899 bis 1903 noch Volksfeste zur Finanzierung des Aussichtsturms auf der Behmshöhe veranstaltet, marschierte nun die Hitlerjugend auf.

Der Blick vom Standort unterhalb des Klosterberges in Richtung Süden zeigt die herrliche Lage des Belvederes. Hier beginnt der Spazierweg an der Westseite des Sees.

Nach 1945 stand der »Tempel« erst einmal unbeachtet, nur der steinerne Soldatenkopf am Giebel hatte Unwillen erregt und war entfernt worden. Restaurierungen Ende der 70er Jahre hatten wenig Erfolg, die Öffnungen wurden zugemauert und das Eiserne Kreuz entfernt.

Heute ist der Tempel wieder geöffnet und strahlt über den See und immer war es vom Belvedere ein Augenschmaus, seinen Blick über den See zu lenken.

Auf dem Hügel vor dem Belvedere hatten die Prämostratenser ihr Kloster angelegt. 300 Jahre lebten und wirkten die Klosterbrüder hier, bis die Reformation in Mecklenburg ihr Dasein beendete. Den Besitz übernahmen die Herzöge, die Gebäude verfielen. Auf den Ruinen des Klosters errichteten sie im 18. Jahrhundert ein Amtshaus, unter dem sich heute noch die Reste des ältesten Bauwerkes in unserer Region aus der ersten Besiedlung durch die Deutschen befinden.

Am Fuße des Belvedere stand das alte Forsthaus von Broda. Mit dem Bewegungsdrang der Neubrandenburger und ihren erholungsuchenden Gästen wuchs auch das Bedürfnis, die Spaziergänge mit einer Rast zu unterbrechen. Noch war der Mensch nicht auf kilometerzehrenden Touren, Gemütlichkeit war angesagt, denn die Zeiten entbehrten noch der Hektik.

Die erste Pause hatte man am Kropp in der Seehalle eingelegt. Bevor der Aufstieg zum Belvedere gewagt wurde, mußte man sich stärken. Beim Forsthaus gab es einen kleinen Garten, in dem Spaziergänger pausieren konnten. Ein Wirt hatte das Haus übernommen.

Bald reichte das kleine Lokal nicht mehr aus, und so ganz neu war es auch nicht mehr. Also eine neue Gaststätte mußte her. In der Broschüre »Neubrandenburg und Umgebung«, herausgegeben vom Verkehrs-Verein 1926, finden wir folgende Anzeige: »Restaurant und Gartenlokal Belvedere. Inh. Adolf Dörbandt. Am Fuße des Lustschlosses Belvedere, unmittelbar am See und an waldigen Höhen gelegen, mit herrlichem Ausblick auf See, Stadt und Höhen. Gute Speisen und Getränke zu jeder Tageszeit. Gute, heizbare Veranda. Motorbootsverbindung.«

Das klingt doch sehr einladend.

Nach dieser zweiten Stärkung können wir uns nun auf den Spuren Friedrich Ludwig Jahns weiterbewegen. Der Uferweg am See war seine Laufstrecke. Einen kurzen Blick von der Aussichtsplattform unterhalb des Belvedere über den See gönnen wir uns noch, dann führt uns der Weg zwischen mächtigen Buchen in Richtung Süden. Linker Hand der See, der zwischen den Bäumen schimmert, rechter Hand der Höhenzug mit seiner reichen Flora und Fauna.

Nach zwei Kilometern weichen die Höhen etwas zurück und ein weiterer Rastplatz tut sich auf. 1848 hatte der Koch und Restaurateur J. Ockhardt, der ein Lokal in der Großen Wollweberstraße betrieb, die Genehmigung erhalten, im Brodaer Holz ein Zelt aufstellen zu dürfen, um Spaziergängern Erfrischungen anzubieten. Ab Pfingsten betrieb er hier sein Sommerlokal. Um den Gästen den langen Anmarsch zu ersparen, annoncierte er 1850: »Die Neubrandenburger Flotte wird zur Überfahrt Tag und Nacht vor dem Treptower Tor bereit liegen.«

Sehr bald reichte das Zelt nicht mehr aus und ein Holzbau entstand, der den Gästen mehr Möglichkeiten der Gastronomie bot. Man konnte hier Musik genießen oder Kegeln, die Kinder hatten einen Spielplatz und das Angebot an Speisen und Getränken war reichhaltig. Besonders beliebt waren die Krebsessen, die regelmäßig stattfanden. Den alten Neubrandenburgern wird das Waldrestaurant Jakobi noch in guter Erinnerung sein. Heute finden wir an diesem Platz leider keine gastliche Stätte mehr vor.

Aber wir waren ja auf den Spuren des Turnvaters. Nur 500 Meter weiter, der Höhenkante folgend, erreichen wir die Jahnshöhe. Das soll der Platz gewesen sein, an dem Jahn am liebsten verweilte, wo er die Jungen um sich scharte und ihnen sein Ertüchtigungsprogramm erläuterte. Zu Jahns Zeiten soll hier ein kleiner unscheinbarer Findling aus dem Erdreich geschaut haben und eine Rasenbank zum Verweilen eingeladen haben.
1928 entschloß sich die Neubrandenburger Turnerschaft, diesen Platz als die Wiege des deutschen Turnens zu weihen. »Turnertreue hat diese heilige Stätte der Vergangenheit entrissen.«, hieß es in der Weiherede. Der Stein war dem Erdreich entrissen worden und nun zierten ihn die Inschriften: »Friedrich Ludwig Jahn zum 150. Geburtstag 11.8.1928. Errichtet vom Turnverein ›Jahn‹ Neubrandenburg.
Hier schuf Jahn das Deutsche Turnen, an dieser Stelle bildete er zuerst deutsche Jugend. 1802 – 1804.«
Bevor wir diese Inschrift lesen können, müssen wir jedoch erst die fast einhundert Stufen überwinden, die zur Anhöhe führen. Diese sportliche Leistung verführt zum gedenkenden Verweilen.
Haben wir noch genug Kraft und wollen wir See und Wald weiter genießen, so führt uns der Weg wieder zum Ufer nach Buchort und nach Gatsch-Eck. Zwar waren hier früher keine offiziellen Badestellen, aber der Platz am Ufer war günstig, um ein erfrischendes Bad zu nehmen. So ist es nicht verwunderlich, daß hier heute ein großer Campingplatz zum Urlaub einlädt.
Das Picknick-Paket im Rucksack setzen wir unsere Wanderung am Seeufer fort. Nach zwei Kilometern wird »Landvermessers Ruh« erreicht. Das ist einer der größeren Findlinge, die in Mecklenburg bewundert werden können. Im Sommer ist er von einem dichten Schilfgürtel umgeben. Seine Ausmaße von 4,20 x 2,50 x 2,50 m sind doch schon beachtlich. Diesen großen Findlingen haftet meist eine Sage an, daß sie Riesen oder der Teufel in die Landschaft geworfen haben, um sich für versäumte Einladungen zu Hochzeiten, Kindtaufen oder anderen feierlichen Anlässen zu rächen. Vielleicht hat auf diesem Stein ein Landvermesser, der den See aufnahm, hier seinen Rastplatz gehabt. Machen wir es ihm nach, plündern den Rucksackinhalt und lassen den Blick über den See schweifen, denn vor uns liegt der Anstieg nach Alt-Rehse. Nachdem wir die alte Försterei Meiershof passiert haben, steigt der Weg an. Bereits in der Stiftungsurkunde des Klosters

Die erste Gaststätte unterhalb des Belvederes war das Forsthaus. Diese Postkarte entstand um 1900.

In den zwanziger Jahren entstand das Restaurant und Gartenlokal des Adolf Dörbandt unterhalb des Belvederes. Hier herrschte an den Wochenenden Hochbetrieb und es wurde zu einem der beliebtesten Ausflugslokale der Neubrandenburger.

Sollte den Spaziergänger ein Regenguß überraschen, so konnte er den gemütlichen Innenraum des Waldrestaurants »Jakobi« aufsuchen. Speisen und gepflegte Getränke halfen ihm, die Wartezeit zum Rückweg zu verkürzen.

Immer wieder ein Blick auf den See war für den Spaziergänger ein Erlebnis. Die Buchen boten Schatten und machten den Spaziergang angenehm.

Bei sonnigem Wetter nahm der Wanderer seinen Kaffee im Freien ein. Auch bei »Jakobi« konnte man kochendes Wasser zur Bereitung seines Kaffees erhalten.

Broda von 1170 ist Alt-Rehse genannt. Nach der Reformation kam es in herzoglichen Besitz und wurde als Lehnsgut verwaltet. Mitte des 19. Jahrhunderts nahm es Carl Otto Ferdinand Merker in Besitz. Merker war ein naturwissenschaftlich und historisch interessierter Mann. Bei der Bearbeitung des Bodens beobachtete er Verfärbungen und entdeckte Spuren früheren Lebens. Gemeinsam mit seinen Freunden, den Mitgliedern des Neubrandenburger Museumsvereins grub er Siedlungsreste und Bestattungen aus der Vorzeit aus. Außerdem legte er eine geologische Sammlung an.
1934 wurde das Gut von den Nationalsozialisten enteignet, und es begann der Aufbau einer »Führerschule für deutsche Ärzte«, die am 1.6.1935 eingeweiht wurde. Nun

war Alt-Rehse ein Musterdorf. Neben den Gebäuden der Führerschule waren für die zivilen Mitarbeiter reedgedeckte Fachwerkhäuser gebaut worden. Idylle mit einem nicht sehr menschlichen Inhalt, denn hier wurde die deutsche Ärzteschaft auf das Programm der Rassenreinheit und des gesunden deutschen Volkstums eingeschworen. Das Ergebnis ist bekannt, Euthanasie und Massenvernichtung. Eine unrühmliche Vergangenheit, die wir nicht dem Vergessen anheimfallen lassen dürfen.

Bergab führt der Wanderweg nach Wustrow. Hier vermuteten die Neubrandenburger Heimatforscher einmal das slawische Heiligtum Rethra, das uns schon bei den Gebrüdern Sponholz und ihren gefälschten Götzen begegnet ist.

Die Zeit ist fortgeschritten, so daß wir uns dem Dampfer anvertrauen. Auf der Rückfahrt können wir noch einmal die Strecke, die wir durchwandert haben, vom Wasser aus bewundern, bevor wir an der Seehalle anlegen.

Um die andere Seite des Sees abwandern zu können, gilt es zuerst den Oberbach zu überwinden. Weiß gestrichen leuchtet die hölzerne Oberbachbrücke (in den 70er Jahren wurde sie durch Beton ersetzt). Überqueren wir sie und schon empfängt uns die Fischerhütte. Vielleicht waren die Fischer gerade angekommen und kochten in einem großen kupfernen Kessel ein leckeres Fischsüppchen. Später nutzten die Wassersportler diesen Platz. Bootsausleih und Anlegestege für die Yachten und Ruderboote entstanden. Den Weg weiter begleiten uns nun die Gebäude der Sportklubs, die das Ufer bebaut hatten. Der Weg ist gesäumt von mächtigen Bäumen und führt zum Badehaus und zur Badeanstalt.

Eigentlich ist es für uns heute kaum nachvollziehbar, daß öffentliches Baden an diesem herrlichen See mit seinem klaren Wasser erst 150 Jahre alt ist. Sicher wird der eine oder andere unter Ausschluß von Zuschauern das kühle Naß aufgesucht haben. Es wurde ja berichtet, daß Jahn zu Beginn des 19. Jahrhunderts den Neubrandenburger Knaben das ordentliche Schwimmen beibrachte. Auch Beschwerden sind bekannt, daß Lehrlinge im Oberbach badeten und die spazierengehenden Damen ob ihrer merkwürdigen Bekleidung schockiert haben. Um 1830 existierte eine Badegesellschaft, die sich am Kropp ein kleines Badehaus mit vier Kabinen gebaut hatte. Aber nach Berichten haben sie mehr das Körperinnere mit Rot- und Weißwein gebadet, als daß ihr Körper wesentlich mit dem kühlen Naß des Sees in Berührung kam.

1844 wurde die Plattenburg am Marienkirchplatz abgerissen. Dieses Gebäude, das früher die Harnische der Verteidiger der Stadt aufnahm, in dem aber auch Bürgersprache gehalten wurde, war in seiner Substanz noch so gut erhalten, daß das Baumaterial wieder verwendbar war. Der Senator und Stadtkämmerer Hahn wurde nun beauftragt, dem Antrag der ehrsamen Repräsentanten zur Errichtung einer Badeanstalt nachzugehen. Hahn war ein tätiger Mensch, so daß im Ratsprotokoll vom 5. Juli 1845 zu lesen ist: »Nachdem nunmehr das Badehaus in der Tollensee hergestellt worden, vernothwendigt es sich nähere Bestimmung über die Benutzung derselben ergehen zu lassen.«

Die Badeordnung, die erging, bestand aus 7 Punkten: Vormittags bis 10 Uhr durften die Damen baden; ab 11 Uhr bis abends die Herren. Der Preis pro Badetag betrug für Erwachsene 3 Schilling, für Kinder 2 und das Abonnement für die Saison 1 Reichstaler. Handtücher konnten ausgeliehen werden. Die Einkünfte gingen zu 2/3 an die Stadt, der Rest war der Lohn für den Badeaufseher. Dem Schankwirt Paetow wurde die Aufsicht übertragen. Das Bedürfnis war groß, denn 1847 wurden die Einnahmen der Stadt mit 214 Taler, 9 Schilling beziffert. Paetow erhielt 107 Taler, 4 Schilling, und das war für 3 Monate Saison schon beachtlich. Das Badehaus, das im See stand, war immer wieder durch das Eis beschädigt worden. Es wurde somit beschlossen, ein Badeschiff zu bauen, was auch 1850 der Greifswalder Schiffbaumeister Gaede besorgte. Der Badewirt, der in einem zur Badeanstalt gehörenden Haus wohnte, sorgte für die Pflege des Strandes, versorgte aber auch die Badenden mit Getränken. Es fanden die ersten Schwimmkurse statt, die Herr Kaufmann Wienck durchführte. Die Textilhändler nutzten die Neubrandenburger Zeitung, um Werbung für Bademoden zu machen. Da die Badepächter auch immer Gastwirte oder Bierhändler waren, kam es zu einer ständigen Erweiterung der Gebäude, was die Verbesserung der gastronomischen Versorgung mit sich brachte. Das war auch erforderlich, denn nicht immer war das Wetter dem Badewirt wohl gesonnen. Schlechtes Wetter brachte Einbußen und konnte durch die gastronomische Betreuung der Spaziergänger kompensiert werden.

Nicht jeder konnte sich leisten, die städtische Badeanstalt zu benutzen. So ist es nicht verwunderlich, daß 1880 eine Freibadeanstalt am Gätenbach entstand. Hier gab es keine Kabinen und keine Gastronomie, aber sicher ebensoviel Badespaß.

Am Ende des Jahrhunderts drängten die Frauen auf die Einrichtung einer Frauenbadeanstalt, denn die kümmerlichen Badezeiten, die ihnen zur Verfügung standen, reichten ihnen nicht. 1899 erging sogar eine Petition mit zahlreichen Unterschriften an den Magistrat. 1901 wurde der Neubrandenburger Baumeister Seegert mit dem Bau der zweiten Badeanstalt beauftragt. Neubrandenburger Zeitung vom 8. März 1901: »Die zweite, für die Damen bestimmte Badeanstalt entstand im Tollensesee ...« Sie bestand aus 11 Kabinen und war von der Herrenbadeanstalt durch einen hohen Bretterzaun getrennt. 1914 wurde zwischen diesen beiden dann noch ein Familienbad angelegt.

1905 hatte der Badepächter Benz die Anstalt übernommen. Bade-Benz war Institution. Unter seiner Aufsicht wurde die Badeanstalt zum Magnet für Alt und Jung. Strenge einerseits und Verständnis für Kinder andererseits waren hervorstechende Eigenschaften. Der Ausbau der Gastronomie wurde von allen Neubrandenburgern wahrgenommen, auch wenn sie nicht zu baden beabsichtigten. Unter der Obhut von Bade-Benz entwickelte sich eine Badekultur, die zwar keinem Seebad glich, aber für Neubrandenburg charakteristisch war.

Auch der Schwimmunterricht und der Schwimmsport ergriff immer mehr vom See Besitz. Es wurden Wettkämpfe ausgetragen und Schwimmzeugnisse abgelegt. Berühmt wurde das Schwimmen um das »Blaue Band«. Dabei ging es um die Durchquerung des Sees von Broda nach Augustabad.

Manches Mädchen oder mancher Junge stellte sich dieser Mutprobe, bewies Kraft und Ausdauer, angefeuert von den Freunden, die das Unternehmen im Boot begleiteten oder auch vom Ufer, und konnte anschließend stolz die Urkunde in Empfang nehmen, die die eigene Leistung bestätigte. Verlassen wir die Badeanstalt und setzen den Weg am See entlang fort.

Der Weg führt über den Gätenbach an der Freibadeanstalt vorbei. 1941 entdeckte die Marine den See. Eine Torpedoversuchsanstalt entsteht nun am Ufer. Große Werkhallen nehmen die Werkstätten für Montage und Demontage der Torpedos auf. Aus dem See wächst eine Betoninsel, von der die Torpedos abgeschossen werden, mehrere Stockwerke über der Wasseroberfläche und unter Wasser die Abschußröhren. Vom Ufer aus führt eine Brücke, auf der die Loren mit den Torpedos fahren. Kriegsgefan-

Die Brücke über den Oberbach verband die Promenade mit dem Weg zur Badeanstalt. Sie bot eine interessante Sicht auf die auslaufenden Boote.

Die Fischerhütte gegenüber der Seehalle diente den Fischern als Anlaufpunkt zur Sortierung ihres Fanges. Hier bereiteten sie die Fische zum Verkauf vor.

gene aus dem Lager in Fünfeichen arbeiten hier und mancher von ihnen sieht die Heimat nicht wieder. Auf dem See fahren jetzt die Boote, die die Versuchstorpedos wieder einsammeln. Es ist Krieg und das Vergnügen auf dem See hält sich aus diesem Grund in Grenzen. 1945 brannte die Insel erst aus, später versucht man sie zu sprengen.
Heute sehen wir nur noch bewachsene Betontrümmer. Aus der Torpedoversuchsanstalt wurde ein Reparaturwerk für Panzer und andere Militärfahrzeuge, was dazu führte, daß der Weg am See nicht mehr für die Öffentlichkeit zugänglich war. Seit 1990 können Neubrandenburger oder Gäste der Stadt wieder den See bis zur Kurhaussiedlung Augustabad genießen.

Das alte Badehaus, das mit den Steinen der Plattenburg gebaut wurde, diente dem Badepächter als Wohnung.

Reges Treiben herrschte in den Sommermonaten am Strand der Badeanstalt und im Wasser. Das alte Badehaus hat sich inzwischen zu einer ordentlichen Restauration gemausert.

1893 hatte sich der Neubrandenburger Fremdenverkehrsverein gegründet. Sein Ziel war es, die Stadt und ihre schöne Umgebung immer mehr für den Fremdenverkehr zu erschließen. Im Bericht zum 10jährigen Bestehen hieß es: »Bald nach der Gründung des Vereins wurde es den Begründern desselben klar, daß es vorerst zu seinen besten Aufgaben gehören würde, die östliche Seite unseres Seeufers – also das Nemerower Holz – für die Zwecke des Vereins dienstbar zu machen und konnte für diese Zwecke kleine Mittel nicht zur Anwendung kommen; man mußte dem Fremdenverkehr im Nemerower Holz eine feste Stütze geben. Eine kleine Anzahl tätiger Mitglieder gründete deshalb die Aktiengesellschaft »Augustabad«. Was am Eingange des Neme-

Das alte Kurhaus Augustabad war 1895 als ein gewaltiger Fachwerkbau entstanden. Welches Zimmer Theodor Fontane 1897 hier bewohnte, wissen wir nicht, aber sicher hat er Seeblick gehabt.

Völlig verändert präsentiert sich das Kurhaus 40 Jahre nach seiner Einweihung. Der Handlungsgehilfenverband hatte es in der zweiten Hälfte der 20er Jahre umgebaut. Das Fachwerk und die Balkons waren verkleidet und es waren geschlossene Räume entstanden, die bei jedem Wetter einen herrlichen Blick auf den See boten.

rower Holzes im Laufe der letzten Jahre als direkte Folge der Entstehung des Augustabades geschaffen worden ist, steht jedem greifbar vor Augen. Eine ganze Reihe stattlicher Villen und Logierhäuser belebt jetzt die Landschaft, und der Verkehr, der in diesem Teil unserer Umgegend im Sommer herrscht, ist ein besonders lebhafter.«

Als erstes hatte 1894 die Familie von Schlieben das »Haus Gottesgüte« gebaut. Ein Jahr später waren die Aktionäre des »Kurhauses Augustabad« soweit. Nach und nach entstanden weitere Pensionen. Zentrum der Siedlung blieb aber das Kurhaus. »Das Augusta-Bad, durch seine Lage gegen Ostwinde geschützt, mit Spielplätzen im Walde, mit Einrichtungen für warme Bäder und einer vortrefflichen Badeanstalt im See versehen, mit Gelegenheit zu Wassersport und Angelsport, eignet sich nicht nur für alle Überarbeiteten und Erholungsbedürftigen zu einem längeren erfrischenden Aufenthalt, sondern sei auch besonders in der Vor- und Nachsaison solchen Patienten empfohlen, die an Nervo-

Der Blick von der Hochburg auf die Augustabadsiedlung zeigt die schöne Lage der Villen und Pensionen im grünen Uferrandbereich. Hier konnte man sich sicher prächtig mit der Familie vom Alltag erholen.

Die Hochburg der Familie von Ziegler war wohl die imposanteste Villa der Kurhaussiedlung. Heute ist sie kaum noch hinter den hochgewachsenen Bäumen zu erkennen. Zeitweilig befand sich in der Villa eine private Forstlehranstalt.

Das Waldrestaurant »Hieronymus« war so beliebt, daß sogar betuchte Herrschaften mit dem Automobil vorfuhren. Parkplatzprobleme gab es noch nicht, das Gefährt wurde einfach unter den Bäumen abgestellt.

Bei Sonnenschein konnte man stundenlang bei »Hieronymus« sitzen. Da seine Bedienung nicht sehr schnell war, wie es berichtet wird, bestand keine Gefahr, daß man, ob des übermäßigen Alkoholgenusses, den Heimweg nicht mehr schaffte.

sität, übermässigem Fettansatz, an Lungenerkrankungen leichteren Grades, wie an beginnenden Compensationsstörungen des Herzens leiden; derartige Kranke haben durch gute staubfreie ozonreiche Luft, passende Ernährung, geeignete Waldpromenaden mit sanften Steigerungen, sowie durch Benutzung des in Neubrandenburg befindlichen medico-mechanischen Institutes hinreichend Gelegenheit , ihren Leiden entgegenzuarbeiten und dieselben zu bessern.

Der Preis für Verpflegung stellt sich pro Tag auf 4,50 Rm.; dafür wird verabreicht: Morgens Frühstück, bestehend aus Kaffee, Thee oder Cacao mit Gebäck und Butter, Mittags 1 Uhr Table d'hote, bestehend aus 3 Gängen und einer Tasse Kaffee, und Abends 7 Uhr ein gemeinschaftliches Abendessen. Für ein Kind unter 10 Jahren: 3 Rm. für Beköstigung, bei mehreren Kindern Preisermäßigung.«

Hier konnte man also mit der ganzen Familie Urlaub machen, auch Kinderfreundlichkeit war angesagt.

Der wohl berühmteste Gast dieser Zeit war 1897 Theodor Fontane. Er war nach Augustabad gekommen, um Korrekturen zu seinem Gedichtband abzuschließen. Auch Briefe aus dieser Zeit sind erhalten. So schrieb er an Emilie Zöllner »Mit unserem Aufenthalt hier haben wir Ursach zufrieden zu sein. Alles ist still und freundlich; wir haben Spaziergänge, Schlaf und gute Verpflegung, Mecklenburg ist kein leerer Wahn.« Oder an James Morris »Man freut sich seines Daseins, trinkt Rotwein und liest kleine Blätter. Die Leute sind infolgedessen weniger ,gebildet', aber auch weniger ,verbildet', was sich darin zeigt, daß aus kaum einem anderen deutschen Landesteile so viele Talente hervorgehen.«

Zwanzig Jahre nach der Einweihung des Kurhauses bezogen nicht mehr Urlauber und Erholungssuchende die Zimmer. Das Kurhaus wurde Gefangenenlager für Offiziere. Die französische, englische, russische und belgische Sprache herrschte vor. Das Gelände war mit einem hohen Bretterzaun umgeben und auch die anderen Villen zum Teil besetzt, hier fanden die Wachmannschaften Unterkunft.

Nach dem Krieg übernahm der Deutschnationale Handlungsgehilfen-Verband das Kurhaus. Es erfolgte in den 20er Jahren ein Umbau. Die Fachwerkfront wurde nun durch einen mit Schiefer verkleideten Vorbau verdeckt.

Eine Gaststätte, die unmittelbar neben dem Kurhaus lag, existierte schon lange vor diesem. Es war das Sommerlokal im Nemerower Holz, den alten Neubrandenburgern als »Hieronymus« sicher in bester Erinnerung. Seit 1818 fand im Nemerower Holz das Vogelschießen statt. Auf einen Holzvogel, der auf einer Stange befestigt war, wurde mit Armbrustbolzen geschossen. Die einzelnen Teile, die getroffen wurden, hatten eine spezielle Wertung. Dieses Vogelschießen war ein regelrechtes Volksfest. Was lag also näher, als hier eine ansprechende Gastronomie einzurichten. So entstand dieses Sommerlokal. Selbst die vornehmen Gäste des Kurhauses ließen es sich nicht nehmen, »Hieronymus« zu besuchen. 1891 fand in diesem Lokal die erste Maifeier Neubrandenburgs statt. Später wurde es auch ein beliebter Schülertreff. Der herrliche Buchenbestand regte zu ausgedehnten Spaziergängen an. Man konnte das Wild beobachten, Seeadler hatten hier ihre Nistplätze.

Noch herrschte Ruhe und Besinnlichkeit. Das änderte sich 1943/44, als das Waldbaulager von den Häftlingen des Frauenkonzentrationslagers Ravensbrück, Außenlager Neubrandenburg, errichtet wurde. Hier sollte eine Produktionsstätte der Mechanischen Werkstätten halb unterirdisch und von den Bäumen geschützt entstehen. Es herrschten Durchhalteparolen vor und man wollte den Endsieg retten.

Um die Attraktivität der Kurhaussiedlung zu erhöhen, kam man auf die Idee, einen Aussichtsturm zu errichten. Die nahegelegene Behmshöhe eignete sich dafür. Gedacht war an eine Stahlkonstruktion mit Aussichtsplattform. Wie sollte es aber finanziert werden? Ein Aufruf wurde verfaßt, nach ed-

Hoch ragt der 1905 eingeweihte Aussichtsturm auf der Behmshöhe über die Gipfel der damals noch verhältnismäßig kleinen Bäume, so daß der Rundblick über See und Landschaft phantastisch war.

len Spendern gesucht. Da das Geld nicht so reichlich floß, wie man es erwartet hatte, entschloß sich der Fremdenverkehrsverein, Volksfeste zum Besten des Aussichtsturms zu veranstalten. Die Anzeige war vielversprechend: »Mit allerhöchster Bewilligung Sr. Königlichen Hoheit des Großherzogs – Großes Mecklenburger Volksfest – am Sonnabend, den 1. Juli 1899, nachmittags 4 Uhr und am Sonntag, den 2. Juli 1899, nachmittags 4 Uhr – Programm: Jubel Ouverture – Kinderzug.

Tableaux. Prolog-Gesang und Musikvorträge.

Volksbelustigung: Luftballons, Zigeunerlager, Kasperle-Theater, Indische Wahrsagerin, Akrobaten, Bänkelsänger, Roulette, Lotterie, Karussell etc. Buffets, Theestube, Münchner und hiesige Bräus, Osteria, American Bar, Restaurant á la Aschinger. 8 Uhr Tanz, 9 Uhr Feuerwerk, 10 Uhr Schluß – Rückmarsch nach Neubrandenburg, vorauf die Musik-Kapelle.«

Solche Feste wiederholten sich. 1904 hatte man soviel Geld zusammen, daß ein richtiger gemauerter Turm finanziert werden konnte.

Die Einweihung fand am 8./9. Juli 1905 statt. Das Fest begann mit einem großen Bootskorso. Dann setzte sich der Zug von der Bootsanlegestelle Augustabad zum Festplatz in Bewegung. Das Festspiel wurde von König und Königin, Prinzessin Tollense und Prinz Silva, der Zigeunermutter und dem Berggeist Radegast sowie jugendlichen Tänzerinnen bestritten.

Der vom Architekten Fehmer projektierte Turm fand allgemeinen Beifall. Der Bericht über die Einweihungsfeier schloß mit den Worten: »Möge denn der unserer Gegend zur Zierde gereichende schmucke Turm sehr lange seinem Zweck, der Menschheit Freude an der schönen Natur und der romantischen Umgegend zu bereiten, dienen; möge er dazu beitragen, daß sich der Fremdenverkehr Neubrandenburgs immer mehr und mehr hebt.«

Nach 1945 wurde nach und nach die Holztreppe zu Feuerholz verarbeitet, später stand der Turm im Sperrgebiet und verfiel immer mehr.

Zum Foto haben sich die Darsteller des Festspiels zur Einweihungsfeier gestellt. Das Eröffnungsfest war ein Großereignis, bei dem es sich auch die hohen Herrschaften des großherzoglichen Hauses nicht hatten nehmen lassen, es zu beehren.

Um 1900 war der Blick vom Chimborasso noch frei und das Auge konnte ungehindert über die Landschaft schweifen. Bis Prillwitz boten sich See und Ufer dem Betrachter.

Am 9.7.1994 erlebte er seine Renaissance, frisch restauriert kann man heute wieder einen herrlichen Rundblick über See und Landschaft genießen.

Nur wenige Schritte den Berg hinab, auf halber Höhe, gelangen wir zum Arion-Stein. Der mythische Sänger der Antike war 1829 der Namensgeber für den Neubrandenburger Männergesangverein. Oft trafen sich die Sänger bei schönem Wetter und ließen ihr Lied unter dem Laubdach über den See erschallen. Aus Anlaß ihres einhundertsten Jahrestages wurde dieser Findling hier am 9. September 1929 aufgestellt und erhielt seine Weihe. Die Inschrift lautet: »Arion 1829 – 1929. Im Liede frei, stets deutsch und treu«. Der Findling von der Gemarkung Fünfeichen wurde an den Platz verbracht, der dem Verein jedes Jahr zu abendlichen Treffen diente. Oft erklang das Lied »Wo gen Himmel Eichen ragen«. Sangesfreudige Menschen animiert dieser Platz auch heute noch, die Stimme erschallen zu lassen, die Akustik des Domes der Baumwipfel zu genießen.

Genug verweilt, wandern wir weiter am östlichen Seeufer, rechts die Wasserfläche, links die Taleinschnitte in den Höhenrücken und die sich vorwölbenden Hügel. Einen davon benannten die Neubrandenburger Chimborasso. Wie kam diese Bezeichnung von Südamerika nach Mecklenburg?

Die Neubrandenburger hatten eine enge Beziehung zu den Humboldt-Brüdern. Ihnen zu Ehren kam dieser Hügel zu seinem exotischen Namen.

Früher hatte man von Chimborasso einen herrlichen Blick über den See. Inzwischen sind die Bäume hochgewachsen und bieten dem Seeadler Horstmöglichkeit.

Von hier ist es nicht mehr weit bis Klein Nemerow. Dieser Ort, direkt am Ufer des Tollensesees gelegen, war eine slawische Siedlung. Mit der Landnahme durch die Deutschen finden wir diese Bauern mehr im nördlichen Teil des Ortes, während die slawische Bevölkerung weiterhin im Süden siedelt. Später ankommende deutsche Siedler gründen den Ort Groß Nemerow.

1298 beurkundet Markgraf Albrecht von Brandenburg, daß er dem Komtur Ulrich Schwabe das freie Eigentum über beide Dörfer Nemerow schenkt, damit derselbe darüber zum Nutzen des Johanniterordens verfügen kann. Das war die Geburt der Johanniterkomturei Nemerow. Der Johanniterorden war in der Zeit der Kreuzzüge entstanden. Ursprünglich der Pflege armer und kranker Pilger verpflichtet, nahm später das kämpferische Element zu, um die heiligen Stätten zu verteidigen. Die Einkünfte aus dem Grundbesitz in Europa ermöglichten dem Orden, diese Aufgaben durch Festungsbau und kämpferische Präsenz zu realisieren.

Mit der Reformation setzte Herzog Albrecht von Mecklenburg seinen Lehnsmann als Komtur ein und betrachtete die Komturei als säkularisiert. Jahrzehnte dauerte das Tauziehen zwischen dem Orden und den mecklenburgischen Herzögen um den Besitz. Dem letzten Komtur, Ludwig von der Groeben, wurde ein prächtiger Leichenstein gesetzt, den wir heute noch unter einer mächtigen uralten Kastanie neben dem Heidehof bewundern können. Im 30jährigen Krieg gingen Gebäude und Besitz der Komturei völlig zugrunde. Direkt am Seeufer finden wir heute nur die Reste der ehemaligen Scheune der Komturei.

Der weitere Weg führt nun etwas vom Seeufer ab, über Bornmühle. Hof und Mühle gehörten zur Domäne Groß Nemerow. Die Gegend um Bornmühle weist eine sehr frühe Besiedlung auf. Der Pächter Kohrt, der bei der Bearbeitung seines Ackers aufmerksam war, sammelte Zeugnisse davon, die er 1892 dem Neubrandenburger Museum übergab. Es waren verschiedene Steinwerkzeuge aus Feuerstein, aber auch Bronzegegenstände und Keramikscherben.

Nun steigt das Ufer etwas an. Hier wurde 1911 das Luftkurhaus »Tollenseheim« eingeweiht. Ein Herr Direktor Grundmann aus Berlin war der Bauherr. In diesem Kurheim sollte vor allem das Naturheilverfahren zur Anwendung kommen. Das Umfeld war durch eine Gartenanlage gestaltet, die noch zu einem Park ausgebaut werden sollte. Auch eine Anlegestelle am See war entstanden. Kurgäste, die mit dem Zug in Neubrandenburg ankamen, konnten somit per Schiff ihr Ziel erreichen.

Am Steilufer des Sees gelangen wir zum Süd-Ost-Ende des Tollensesees. Wir erreichen Nonnenhof. Wann Nonnenhof städtischer Besitz wurde, ist nicht bekannt, aber schon im 18. Jahrhundert ist die Stadt Eigentümer. Die Pachtung war eine wichtige Einnahmequelle für die Stadtkasse. Allerdings gab es immer wieder Ärger mit den Pächtern, wie wir den Ratsprotokollen entnehmen. 1791 ergeht sogar ein Befehl an das Stadtgericht, eine Visitation durchzuführen. Es hatte sich herumgesprochen, daß sich »allmögliche dunkle Gestalten« dort treffen. Die Visitation sollte des Nachts unter der Leitung des Stadtförsters erfolgen. Dem Gerichtsdiener war aufgegeben, darüber Protokoll zu führen. Leider ist über das Ergebnis der Aktion nichts im Ratsprotokoll vermerkt. Vielleicht waren die Gerüchte ja auch nur üble Nachrede.

Nonnenhofs idyllische Lage war ein Paradies für Naturfreunde. 1934 übernahm Leopold Siebold das Grundstück als Pächter. Er, der Sohn des Gründers des Plasmonwerkes Neubrandenburg, war ein naturverbundener Mensch. Er war als Vogelwart für den Bund für Vogelschutz tätig. Mit Übernahme der Pacht kämpfte Siebold um die Unterschutzstellung des gesamten Gebietes. Leo, wie er genannt wurde, hatte den Kampf mit den Behörden aufgenommen, und er war erfolgreich. Am 20. September

War man mit dem Boot in Klein Nemerow angekommen, konnte man sich sowohl im Haidehof stärken, aber auch ein erfrischendes Bad nehmen.

1908 schickte Gustav Oesten dieses Foto an den Schweriner Archivrat Beyer. Gut erkennbar ist das Häuschen auf der Fischerinsel. Das von Oesten eingezeichnete Kreuz kennzeichnet nach seiner Meinung den Standort des Rethra-Tempels.

1937 hielt er die »Verordnung über das ‚Naturschutzgebiet Nonnenhof‛« in den Händen. 698 Hektar waren unter Schutz gestellt. Das Gebiet umfaßte das Südende des Tollensesees von Nonnenhof bis Wustrow, einschließlich Fischerinsel, und die gesamte Lieps mit den Inseln Hanfwerder, Binsenwerder und Kietzwerder. Es ist damit das älteste Naturschutzgebiet der Region.
Bedeutende Naturwissenschaftler besuchten die Familie Siebold, genossen die herrliche Landschaft mit ihrer ornithologischen Vielfalt. Leo Siebold hatte ein Beobachtungsbuch eingerichtet, in dem alle Besucher ihre Beobachtungen eintrugen. Auch die Botaniker waren begeistert von der Artenvielfalt des Naturschutzgebietes. Im August 1935 trug Dr. Simonis vom Botanischen Institut der Universität Göttingen seine Eindrücke ein: »Die Verlandungsgesellschaft am Nordrande von Nonnenhof sowie zwischen Wustrow und der Fischerinsel sind noch in großer Reichhaltigkeit und fabelhafter Ursprünglichkeit erhalten. Die ausgedehnten Wälder von Rohrkolben, von Wasserschwerden; die Binsenbestände und die hier noch so reichlich vorkommenden, anderen Ortes schon als Seltenheit gezeigte, Krebsschere fallen am ersten ins Auge. Pfeilkraut und Froschlöffel, Wasserliesch und Igelkolben und die riesigen Bestände von Kalmus vervollständigen, neben vielen anderen das selten schöne Bild. Dazu kommen noch die Pioniere der Verlandung, die Teichrosen- und Seerosengürtel, die verschiedenen Kräuter, die vielen Algen und die großen Flächen vom Wasserknöterich.«
Die Auswertung des Beobachtungsbuches ergibt: 88 Singvogelarten wurden beim Nisten oder Durchzug beobachtet. Dazu kamen Schwalbenarten, Sumpf- und Seevögel, Reiher-, Enten- und Gänsevögel, Schwäne, Möwen und Tauben. An Raubvögeln registrierten die Naturfreunde: Baumfalke, Augenweihe, Fischadler, Gabelweihe, Hühnerhabicht, Kornweihe, Mäusebussard, Merlin, Milan, Rohrweihe, Rauhfußbussard und Seeadler.
Das Naturschutzgebiet existiert noch, sogar erweitert. Die Gebäude sind jedoch verfallen. Kein Dampfer legt zur Zeit mehr hier an. Hoffen wir, daß ein neuer Pächter die Idylle für Naturfreunde wieder anziehend macht.
Lenken wir den Blick nach Westen zur Fischerinsel. Das Gebäude auf der Insel diente den Fischern als Unterkunft, denn der Fischfang erfolgte ja vom Ruderboot aus, und bei der Länge des Sees war ein Quartier vorteilhaft. Diese Insel erregte bei den Heimatforschern schon immer große Aufmerksamkeit. Überall um den See tauchten Zeugnisse der Vergangenheit in Form von Scherben, Werkzeugen und anderen Gebrauchsgegenständen auf. Sehr viel des geborgenen archäologischen Materials stammte aus der Zeit der Besiedlung durch die Slawen.
Schon Latomus hatte im 17. Jahrhundert vermutet, daß am Südende des Tollensesees das Heiligtum der slawischen Stämme, Rethra, gelegen hatte. Die Suche nach Belegen dafür wurde in der zweiten Hälfte des 19. Jahrhunderts besonders intensiv betrieben. Als 1886 in den Wiesen bei Wustrow die Reste einer Brücke, die zur Fischerinsel führte, gefunden wurden, glaubte man die Lage Rethras entdeckt zu haben.
1904 bis 1908 erhielt Gustav Oesten Mittel für eine Forschungsgrabung auf der Fischerinsel. Er fand keine eindeutigen Belege für den bei den alten Chronisten Thietmar von Merseburg und Adam von Bremen beschriebenen Tempel, legte sich aber trotzdem fest, daß dieses Heiligtum auf der Fischerinsel gestanden habe. 1969 wurde das doppelköpfige eichene Holzidol auf der Insel ausgegraben, so daß sich Vermutungen zum Heiligtum ergaben. Noch ist der Tempel nicht gefunden. Die Suche nach ihm wird vielleicht weitergehen. Es könnte ja auch sein, daß ein Gideon Sponholz wieder auftaucht, der der Suche nachhilft.

Die Lohmühle vor dem Stargarder Tor mit ihrem mächtigen Wasserrad können wir heute noch betreten. Aber nichts mehr erinnert an das hier früher betriebene Gewerk, wenn wir von vermeintlichen Erinnerungsstücken an den Wänden der Gaststätte absehen.

Das gewaltige Wehr der Hintersten Mühle regulierte den Wasserlauf zum Antrieb des Mühlrades. Im Winter, bei strengem Frost, bildete das Wasser bizarre Eiszapfen.

Die Natur wurde seit der zweiten Hälfte des 19. Jahrhunderts zu einem wichtigen wirtschaftlichen Faktor, denn der Tourismus war auch in Neubrandenburg entdeckt worden.
Mit der Stadtgründung waren es die Handwerker, Händler und Ackerbauer, die die wirtschaftliche Stärke der Stadt ausmachten. Um Produkte herzustellen, war in dieser Zeit die Hand gefragt, Maschinen existierten noch nicht. Eine Produktionsart machte sich aber schon eine Naturkraft zu Nutzen, die Mühlen. Mit Wasserläufen gesegnet, waren neben der Vierrademühle weitere Mühlen entstanden. Zwei standen vor dem Stargarder Tor, eine davon schon zu Beginn des 14. Jahrhunderts. Nicht nur zur Vermahlung von Getreide wurden sie verwendet. Die Tuchmacher nutzten sie als Walkmühlen für die Herstellung der Stoffe. Als das Gewerk niederging, übernahmen die Schuhmacher die Mühle. Die Häute der Tiere mußten zu Leder aufbereitet werden, dazu war das Gerben erforderlich. Eichenrinde wurde in der Mühle gestampft, damit die Gerberlohe bereitet werden konnte. Eine der Mühlen soll eine Kupfermühle gewesen sein, aber darüber gibt es keine weiteren Nachrichten. Im 30jährigen Krieg litten die Mühlen, so daß im Konkursverfahren von 1671 lediglich eine Mühle vor dem Stargarder Tor benannt wird. Als die Neubrandenburger Schuhmacher billiger Leder über Großhändler beziehen konnten, wurde die Mühle wieder zum Getreidemahlen genutzt, das alte Stampfwerk verwendete man zum Oelquetschen.
Weitere Mühlen gab es hinter dem Stadthof. Hier wurde die Heidmühle durch das Wasser der Linde angetrieben. Am Lauf der Linde lagen drei Wassermühlen, die Vorderste, die Mittelste und die Hinterste Mühle. Diese Mühlen existierten schon vor dem 30jährigen Krieg. Im 18. Jahrhundert verkommen zwei und nur noch die Hinterste Mühle überlebt. Sie erweiterte ihre Produktionsfähigkeit, indem neben der Getreidemahlmühle noch eine Oel-, eine Walk-, eine Loh- und eine Schneidemühle einrichtete. Für die Neubrandenburger wurde die Mühle 1904 besonders interessant, denn da begann die gastronomische Betreuung der Wanderer und Spaziergänger, die sich das Mühlholz erschlossen. Zwar durchquerte seit 1877 die Nordbahn, von Berlin kommend, ebenfalls dieses Waldgebiet, aber es war weitläufig genug, um den prächtigen Buchen- und Eichenbestand genießen zu können. Am nordöstlichen Rande des Mühlholzes befand sich eine außerordentlich ergiebige Kieslagerstätte, die man Anfang der 70er Jahre des 19. Jahrhunderts zu erschließen begann. Für die Neubrandenburger war es damals eine Sensation, denn die Arbeiter mit ihren Familien hatten sich am Rande des Kiesabbaus Erdhütten errichtet, in denen sie mit Kind und Kegel wohnten, oder sagt man besser hausten.
Durchwandern wir das Lindetal weiter, stoßen wir auf halber Strecke nach Burg Stargard auf die Papiermühle.
1760 meldete sich der Schweizer Papiermachermeister Jürgen Düringer beim Neubrandenburger Magistrat und bat um die Genehmigung zur Anlage einer Papiermühle. Der Standort, den man ihm zuwies, nahm er gern an, denn obwohl er doch recht weit außerhalb der Stadt lag, bekam er auch entsprechend Land dazu, um die Landwirtschaft als zweites ökonomisches Standbein, wie wir heute sagen, zu betreiben.
Trotz weiter Transportwege und dem Nachteil der unregelmäßigen Wasserführung der Linde entwickelte sich das Unternehmen gut. Düringer erhielt auch die herzogliche Konzession zum Lumpensammeln, denn das war der benötigte Rohstoff für die Papierherstellung. Mit Hilfe der Wasserkraft wurden die Lumpen zerstampft und so zu einem Brei verarbeitet, aus dem dann der Gautscher das Papier schöpfte. 1779 übernahm der Papiermacher Johann Friedrich

Die Hinterste Mühle mit ihren Wirtschaftsgebäuden bildete eine imposante Anlage. Seit 1877 führte unmittelbar vor der Mühle die Nordbahn vorbei. Auch eine Haltestation gab es. Den Berichten nach soll der Zug auch auf Zuruf angehalten haben, wenn man nach dem Besuch der Gastwirtschaft nicht mehr in der Lage war, den Rückweg durch das Mühlholz zu Fuß anzutreten.

Die idyllische Lage der Papiermühle machte sicher die Beschwerlichkeiten eines langen Weges zur Stadt wett. In vielen Dingen war man Selbstversorger und außerdem gut zu Fuß.

Wilhelm Krüger die Mühle, die er 1781 käuflich erwarb. Zu dieser Zeit stellte man jährlich etwa 200 Zentner Papier und Pappe her. Schreib- und Druckpapier sowie Pappen verschiedener Qualität wurden produziert. Bis zu ihrem Ende 1951 war die Mühle im Besitz der Familie Krüger. Neubrandenburger Schulkinder genauso wie der Ratssekretär färbten das unschuldige Weiß der Bögen, die Herzogliche Kanzlei wurde beliefert und die Geschäftsleute der Städte. Die Krügers waren fortschrittlich, sie verarbeiteten als erste Holzschliff und auch Altpapier.

Heute finden wir von den sieben Mühlen, die durch den Lindebach angetrieben wurden, keine mehr, aber ein Spaziergang durch das Mühlholz lohnt immer noch. Gedenkend verweilen kann man an Hinweistafeln an den ehemaligen Mühlenstandorten und sich der fleißigen Müller und Papiermacher erinnern.

Die industrielle Entwicklung, die im 19. Jahrhundert in Europa und auch in einigen Ländern Deutschlands sich durchsetzte, nahmen die Mecklenburger relativ wenig wahr. Initiative mußte von den Städten selbst ausgehen. Neubrandenburg hatte in der Entwicklung schon immer einen Dienstleistungscharakter für das landwirtschaftliche Umfeld. Es lag also nahe, diese Funktion mit Hilfe einer Kleinindustrie besser zu realisieren. Im letzten Drittel des 19. Jahrhunderts bot die Stadt Interessenten dazu alle Möglichkeiten. Die Zunftordnung war endlich 1868 aufgehoben worden, so daß sich Gewerbe frei entfalten konnten.

Als erstes kam 1867 mit dem Gaswerk eine neue Energiequelle. Wesentlich später entschloß man sich zum Bau des Wasserwerkes (1907), um damit eine kontinuierliche Wasserversorgung der Betriebe und der Bevölkerung zu garantieren. Das Elektrizitätswerk brauchte weitere drei Jahre, um mit eigener Stromversorgung die Produktionsstätten zu beleben. Nicht nur die Errichtung einer Kleinindustrie, auch der Handel, konnte die Wirtschaft beleben. 1869 war auf Betreiben des landwirtschaftlichen Vereins von Mecklenburg-Strelitz der Neubrandenburger Pferdemarkt ins Leben gerufen. Pferdezucht und Pferdesport erfreuten sich in dieser Zeit eines immer größer werdenden Interesses. Es war vor allem ein Zuchtmarkt für edle Pferde. Die Stadt stellte das entsprechende Gelände vor dem Friedländer Tor zur Verfügung. Nun trafen sich jedes Jahr im Mai Pferdezüchter, Pferdehändler, Landwirte und Pferdenarren in Neubrandenburg. Der Gründungsmarkt war ein Erfolg. 388 Pferde kamen zum Verkauf und 4 405 Besucher wurden registriert. Nicht nur aus den angrenzenden deutschen Ländern meldeten sich die Interessenten an. Händler aus Holland, Dänemark, Frankreich und England nutzten den Markt, um Liebhaber in den eigenen Ländern mit edlen Pferden zu versorgen oder um eigene Zuchtpferde zu verhandeln.

Für die Neubrandenburger weitete sich der Pferdemarkt sehr schnell zum Volksfest aus. Die Stadt belebte sich mit zahlreichen Händlern und Schaustellern. Verkaufsausstellungen und Messen wurden organisiert. Ein Pferdesportprogramm mit Springreiten und Dressurvorführungen brachte Vergnügen für alle. 1870 wurde die Pferdemarkt-Lotterie eingeführt. Hauptpreis war ein Vierspänner mit Kutsche. Die Zahl der verkauften Pferde lag zwischen 366 und 636, Besucher wurden bis zu 9 400 gezählt. In den zwanziger Jahren fanden neben dem Pferdemarkt große Landwirtschafts-Ausstellungen statt. 1885 hatte der englische Ingenieur Alfred Lythall eine Niederlassung zum Vertrieb von Landmaschinen in Neubrandenburg eingerichtet. Zur Werbung organisierte er eine ständige Ausstellung auf dem Firmengelände. Sehr schnell wurden auch die Reparaturen für Maschinen übernommen. 1900 begann die Produktion eigener Landmaschinen. So entwickelte sich das Unternehmen und wurde in den zwanziger Jahren mit ca. 100 Beschäftigten zum größten Betrieb in Neubrandenburg. Attraktion auf den Landmaschinenausstellungen waren in dieser Zeit die gewaltigen Lokomobilen, die in der Landwirtschaft vielseitig eingesetzt wurden.

Schon 1870 hatte der damalige Bürgermeister und Vorsitzende des Tierschutzvereins Wilhelm Ahlers die Forderung nach menschlichem Umgang mit Schlachttieren gestellt. Ein Schlachthof sollte eingerichtet werden, denn die hygienischen Bedingungen in den Privatschlachtereien waren nicht immer die besten.

Gesetzliche Bestimmungen, die die Verfahrensweise bei Schlachtungen festlegten, waren kaum kontrollierbar, so daß Tiere oft unnötige Qualen bei der Tötung ertragen mußten. Unreines, krankes und trichinenbehaftetes Fleisch kam mitunter auf den Markt. Nach fast zwanzigjährigen Auseinandersetzungen war es endlich soweit, der Schlachthof wurde am 11. Juli 1898 feierlich eingeweiht. Ein buntgeschmückter Festumzug führte durch die Stadt zum Treptower Damm, Festrede und Festessen schlossen sich an. Die Neubrandenburger konnten den Schlachthof besichtigen und die ersten Schlachttiere trafen ein. Im zweiten Jahr des Bestehens wurden 7 804 Tiere (Rinder, Schafe, Pferde und Ziegen) geschlachtet.

1899 entstand ein weiterer wichtiger Betrieb für die Verarbeitung landwirtschaftlicher Produkte, das Plasmonwerk. Diese neue Produktionsstätte hatte eine Vorgeschichte. 1889 bildete sich eine Aktiengesellschaft zur Gründung einer Konservenfabrik. 1895 begann die Verarbeitung von Gemüse recht erfolgreich, denn man erhielt auf Gewerbeausstellungen in Malchin, Parchim und Rostock Medaillen für seine Produkte. Erbsen, Möhren, Bohnen, Kohlrabi, Spargel und anderes Gemüse kam nun aus Neubrandenburg in Dosen auf den Markt. Drei Jahre später stockte die kontinuierliche Gemüseanlieferung und die Fabrik meldete Konkurs an. Zu diesem Zeitpunkt wollte sich die Sieboldsche Nahrungsmittel-Gesellschaft in Berlin vergrößern. Der Standort Neubrandenburg erwies sich dazu als außerordentlich günstig. Das Gelände der Konservenfabrik stand frei, es hatte Bahnanschluß. Die umliegenden Molkereien boten Magermilchquark und Molke an, die zur Herstellung des Eiweißpräparats Plasmon der Grundstoff waren. Die Neubrandenburger Zeitung hielt sich in ihrer Formulierung zwischen Hoffnung und Skepsis, wenn sie schrieb: »In der Fabrik wird während des ganzen Jahres eine größere Anzahl Arbeiter lohnende Beschäftigung finden, und wird seitens unserer Geschäftswelt das Aufblühen der Industrie am Ort jedenfalls mit Freude begrüßt werden, da der Fabrikarbeiter im Allgemeinen als relativ gutes Kaufpublicum gilt. Zu wünschen wäre es, daß derartige Unternehmungen hier äußerstes Entgegenkommen fänden, haben doch alle Nachbarorte versucht, die Fabrik nach dort zu ziehen.«

Die Produktion in Neubrandenburg begann sehr erfolgreich. Schon 1900 auf der Pariser Weltausstellung erhielt das Plasmonwerk für seine Produkte zwei Medaillen. Die Produktionspalette umfaßte: Plasmon-Schokolade, -Zwiebacke, -Biscuits, -Haferkakao, -Kakao, -Keks, -Speisemehl und Plasmon-Liköre. Alle diese Präparate enthielten Aufbaustoffe in Form von Milcheiweißen und Nährsalzen, die besonders für Säuglingsnahrung und Rekonvaleszenten zu empfehlen waren. Auch das Militär hatte Plasmon für sich entdeckt, so wurde das China-Expeditions-Corps damit ausgerüstet, aber auch in den Lazaretten fand es Anwendung.

Zehn Molkereien der Region belieferten

Der 1869 ins Leben gerufene Neubrandenburger Zuchtmarkt für edle Pferde war nicht nur ein international frequentiertes Ereignis. Für die Neubrandenburger brachte er Abwechslung, indem er zum Volksfest wurde.

Die Landmaschinen- und Gewerbeausstellungen, die von der Firma Lythall organisiert wurden, zogen die Landbevölkerung stark an. Hier konnten sie sich über den neuesten Stand der Landtechnik informieren oder mit den neuen Maschinen ausrüsten.

Der 1888 gegründete Radfahrerverein hatte zur Popularisierung seines Sports 1891 eine Radrennbahn angelegt, nachdem Versuche, Radrennen auf dem Pferdemarkt auszutragen, gescheitert waren. Es war die erste in Mecklenburg.
Da die Einnahmen der Bahn nicht die Erwartungen erfüllten, wurde sie 1903 wieder aufgegeben.

Feierlich präsentieren sich Honoratioren und Bewohner Neubrandenburgs 1898 zur Einweihung des Schlachthofes. Die vom Architekten Ralph aus Parchim projektierte Anlage bestand aus dem Schlachthaus und Nebengebäuden für Verwaltung, Labor und Lager.

Die ersten Landwirte brachten ihr Schlachtvieh, das sie hier präsentieren, zur Eröffnung des Schlachthofes.

das Werk mit Quark, Mager- und Buttermilch, entsprechend der täglich verarbeiteten Milchmenge, die pro Molkerei zwischen 1 000 und 3 000 Litern lag. Das Ausfällverfahren brachte ca. 3 kg Plasmon pro 100 Liter Magermilch. Täglich wurden ca. 10 000 Liter verarbeitet. Handelsbeziehungen bestanden nach Polen, Rußland, der Schweiz, Griechenland, Holland, Australien, Kolumbien, Italien und Spanien. Diese Beziehungen wurden ständig weiter ausgebaut. In den zwanziger Jahren begann man auch mit der Herstellung von Rohkasein und stieg in die Kunsthornfrabrikation ein. Hier umfaßte die Produktionspalette Salatbestecke, Schuhlöffel, Spielteller, Eierlöffel, Eieruhren, Sanduhren, Gürtelschnallen, Brillenetuis und Kleiderbügelhaken. Dazu kamen Kunsthornplatten und verschiedene Profile.

Weithin international bekannt wurde das

Die 1910 vereinigten Brauereien Janssen und Bechly weihten 1912 ihr neues Produktionsgebäude in der Demminer Straße ein. Eine konkurrenzfähige Firma war entstanden.

Stolz präsentieren sich Konsortium und Bauherren der neuen Brauerei zur Einweihung. Von diesen gestandenen Herren konnte man sicher erwarten, daß sie für ein qualitativ hochwertiges Produkt sorgten.

Neubrandenburger Plasmonwerk auch durch die Ausstattung von Polarexpeditionen und Weltumsegelungen.
Nach 1945 wurde nur noch Rohkasein produziert oder vermahlen, später die Produktion ganz eingestellt. Damit gingen leider 75 Jahre Produktionsgeschichte Neubrandenburgs zu Ende, die die Stadt weit über Landesgrenzen hinaus bekannt gemacht hatte.
Zum Hopfenbau und der Biertrinkertradition war schon einiges gesagt. Sicher wurde in der Entwicklung der Stadt nicht weniger Bier getrunken, aber die Bierproduzenten wurden immer weniger. 1912 war es nun soweit, es gab in Neubrandenburg nur noch eine Produktionsstätte für diese Flüssignahrung. Im April berichtete die Zeitung zum Neubau folgendes: »Die Vorderfront hat eine Breite von 60 Meter. Die Tiefe des Gebäudes beträgt 35 Meter. Das Sudhaus wird mit 22 Meter Höhe das höchste Gebäude der Stadt (die Kirche ausgenommen). Auch der Schornstein wird mit 40 Meter Höhe noch den der benachbarten Ueberlandzentrale um mehrere Meter übertreffen.« Der Braubeginn war für den 15. Oktober angekündigt. Ob die Bauleute zuviel kühle Blonde zum Frühstück und zum Mittagsmahl konsumierten ist nicht bekannt, aber die Produktion verzögerte sich weiter. Erst am 24. Dezember kündigte die Neubrandenburger Zeitung den »Ausstoß von ff. Bockbier der Brauerei Janssen und Bechly« an. Der Gastwirtverein besichtigte am 12. März 1914 die neue Brauerei: »Der Maschinensaal mit seiner schnellaufenden Heißdampfmaschine, den beiden Dynamomaschinen, welche die Brauerei mit Licht und Kraft versehen, und der komplizierten Eismaschine erregten das

Gemütliche Zeiten waren das, als man noch mit Pferd und Wagen das Bier an Gaststätten und Bierhändler lieferte. Der Bierkutscher Zachow gehörte als lebendes Inventar zur Brauerei.

allgemeine Interesse. Das moderne Sudhaus mit den drei Braupfannen und Maischefilder ist imstande, jährlich ca. 80 000 Hektoliter Bier zu produzieren. Großen Eindruck machten auch der Gärkeller mit seinen glasemaillierten Stahlbottichen, sowie die Lagerräume mit ihren 50 ebenfalls glasemaillierten Lagertanks von je 10 000 Liter Inhalt, die anstelle der jetzt unmodernen Holzfässer getreten sind. Interessant war auch die Flaschenfüllanlage mit der Etikettierungsmaschine, die die Flasche gleichzeitig mit zwei Etiketten versieht und imstande ist, auf diese Weise 2 400 Flaschen in der Stunde zu etikettieren.«

Nun begann die kontinuierliche Steigerung der Produktion. Zwar gab es auch Krisenzeiten, wenn wir 1924 die Anzeige in der Zeitung finden, die die Neubrandenburger aufforderte, Patriot zu sein und Janssen und Bechly-Bier zu trinken. Heute wird in Neubrandenburg kein Bier mehr gebraut, denn die Brauerei ging 1996 in Konkurs. Auch das denkmalgeschützte Brauereigebäude gibt es nicht mehr, es wurde »irrtümlich« beim Schaffen von Baufreiheit mit abgerissen. Damit war wieder ein Stück Neubrandenburger Geschichte beseitigt.

Der industrielle Aufschwung Neubrandenburgs kam nach 1933, als die Heberwerke von Berlin-Britz nach hier verlegt wurden. Der Betrieb arbeitete für die Flugzeugindustrie. Curt Heber hatte Bombenabwurfeinrichtungen 1933 serienreif entwickelt und in seinem Betrieb wurde die Serienproduktion aufgenommen. Im April 1934 begann der Aufbau des Neubrandenburger Werkes und schon im Winter 1934/35 begann die Produktion.

Als Curt Heber 1937 von der Gestapo verhaftet wurde, erhielt der Betrieb den Namen Mechanische Werkstätten Neubrandenburg (MWN). Der auf das modernste eingerichtete Betrieb war der größte Arbeitgeber der Stadt. Aus der eigenen Werkschule zur Ausbildung von Lehrlingen entwickelte sich später die sogenannte »Fliegertechnische Vorschule«.

Während des ersten Weltkrieges war auf diesem Gelände eine Kartoffeltrockenfabrik erbaut worden, die in den zwanziger Jahren als »Chemische Fabrik Mahler und Dr. Supf« Kartoffelflocken herstellte.

Zur Entscheidung, die Heberwerke nach Neubrandenburg zu verlegen, hatte wahrscheinlich auch beigetragen, daß schon 1934 der Aufbau des Fliegerhorstes Trollenhagen begann und die Erprobungsstelle Rechlin der Luftwaffe geplant war.

Mit dem Fortschreiten des zweiten Weltkrieges und den großen Verlusten an der Front wurden immer mehr Arbeitskräfte auch aus der Rüstungsindustrie in Uniformen gesteckt, so daß ein Mangel an Arbeitskräften eintrat. Häftlinge der Konzentrationslager mußten für den »Endsieg« produzieren. Es entstand das Außenlager Neubrandenburg des Frauenkonzentrationslagers Ravensbrück. 1944/45 waren hier ca. 5 000 Frauen aus acht Ländern inhaftiert und mußten im Rüstungsbetrieb unter unmenschlichen Bedingungen arbeiten. Es ist nicht bekannt, wieviele Frauen in dieser Zeit umgekommen sind, die Zahlen sind in der Statistik des Stammlagers eingegangen. Dieses dunkle Kapitel sollte nicht aus der Erinnerung gestrichen werden.

Der wirtschaftliche Aufschwung, der mit der Rüstungsindustrie nach Neubrandenburg kam, hielt nicht lange an. Als im April 1945 der Krieg nach Neubrandenburg zurückkehrte, vernichtete er das Antlitz der Stadt.

Nie wird sie mehr so sein, wie sie einst war.